人間とは、個人とは‥一体何なのだろう‥

―人間の意識／人体の不可思議と虚実―

…「愛地球心」の心…

宮下　国一郎
MIYASHITA Kuniichiro

文芸社

はじめに

私は医者でも脳科学者でもありませんので、人体や脳などの医学的な詳しいしくみについて分かっているわけではありません。

ただ、それらの解説書などをいくつか読み進めるに従い、人間そのもの、人体などについて、私なりに思うところが芽生え、また大きく膨らんでくるものとなってきました。

本書で取り上げていますテーマは、人間にとっては永遠のテーマではないかと私は思っています。

私も、十代後半のころからは、このようなことは少しは考えるようになりましたが、会社勤めをするようになってからは、仕事のことでいっぱいで、じっくり考えるというようなことは、しばらくの間はしていなかったというのが実際のところです。

私は、大学では岩盤関係の勉学、研究を行ってきまして、卒業後は建設会社に入ったのですが、会社に入ってからは、石油類の地下岩盤内貯蔵という仕事に専ら従事することになり、気がつけば、定年になるまでその仕事一筋にやってきていました。

所謂、「この道一筋」を絵に描いたような会社人生を送ってきています。

その私が、これまでの経験（日本ではこの分野に携わっておられる方はそう多くはなく、その経験自体が希少価値のあるものと自分では思っています）を今後に生かすべく、いくつかの技術書として残したり、説明会を行ったりしているというのが今の私の姿ということになります。

この分野は、地下の岩盤、自然、地球を相手としたものであり、自然科学に関する知識や思いが重要なところとなっています。

私は、その自然科学に係る人間の技術というものを残そうと考えながら、その仕事を行ってきているわけですが、仕事を行っていくなかで、・・さて、その自然と向き合う「人間」とはいったい何なのだろうか・・ということも同時に考えるようになりました。その結果として、地球上にいる人間とは、あるいはこのようなものではないか・・という思いにある程度行きあたるようになってきました。

その思いも同じように書き残したい、皆さんに問いかけもしたい・・ということで、本書を手掛けてみたいという思いにかられ、ここに取り纏めたものです。

したがって、本書で記していることがらは、あくまで私の個人的な思い、考えを記したものであり、人間科学や脳科学などの科学的な裏付けをしっかりとったものでも、また、普遍的な事実を示したものでもありません。

あるいは、とりとめのないことの羅列・・と思われるかも知れません・・・

本書を手にされて、目を通していただいて、何か感じられるところがあれば、私としてはそれで十分なところであり、また本書の中身が、皆さんにとって、これから生きていく上で少しでもお役に立つ内容となったとすれば、これ以上の喜びはありません。
本書が、皆さんにとって、「人間」というものをあらためて考える一つのきっかけとなれば幸いと思うものです。

本書を読んでよかった、と思っていただけることを願います。

二〇二〇年七月

宮下　国一郎

目　次

1　我々は偶然生きている

我々人間も、動物、植物も、あらゆる生物は偶然の産物である。
・・・我々は偶然生きている・・・

人は、この世に生まれたい、この世に生きたい・・と思って生まれてきたわけではない。
両親に、私を産んでください・・と頼んで生まれてきたわけでもない。

皆さんそうだと思いますが、いつの間にか、自分というものが生きていて、自分が自分であるということに、ある日、何となく気がついて、それ以後も、そのまま「自分」として生きている・・ということではないでしょうか。

気がついたらこの世に生きていて、・・自分が何という名前で、どこに住んでいて、家族が誰で、親戚が誰で、まわりに誰がいて・・などのことを、知らないうちに自然と頭のなかで認識していたということです。

この世に生まれてきたことに関しては、本人の意思が働いたわけでもなく、また、本人に何らかの責任があるというわけでもないのである。・・・

・・気がついたら生きていた・・・ということなのである・・・

その自分がこの世に生まれたもととなっている親（失礼な言い方で申し訳ありませんが）は、自分が産んだ子が、きちんと自立するようになるまで面倒をみるというのが自然なことであり、また、その責任が親にはあるということになるのではないでしょうか。

これは親の責務ともいうべきものなのではないでしょうか。

子が親に対して感じる「親の恩」というものは、果たして恩と言えるのかどうか。

親が子を育てるということは、むしろそれは動物としての本能であり、自然なことであり、恩とはまた違うものではないかと思われます。

動物をみても分かると思いますが、動物は、自分の子どもを外敵などから必死になって守り、また、自分のことはさておいて、子に餌を最優先で与えるなどしてその成長を手助けします。

たとえば、鳥などは、巣にいて口を大きく開けて待っている雛たちに、一生懸命に餌を捕まえて帰ってきては、くちばし伝いに淡々と餌を与えています。

いつ親が餌を食べているのだろうかと思ってしまうくらい、せっせと雛たちに餌を与えています。

これを毎日毎日繰り返しながら、雛たちが自立して大空に飛び立ち、自由に生きていけるようになるまで、必死になって面倒をみています。

雛が一人前になって空に飛び立てば、・・もう巣に戻ることはなく、その後は巣を離れて、自分の力で自立して生きていきます。

今度は自分が親となって、同じように自分の雛を育てていくことになります。

これがすなおに考えた親子の関係というものではないでしょうか。

鳥たちは、おそらく、親の恩ということなどを思うこともなく、次には、自分が親として、また同じことを、自分の雛たちに本能的に行っていくのです。

地球上のあらゆる生物は、地球上に生息しはじめて以来、このような営みを延々と繰り返し行ってきているということです。

また、自分が生きていく上で、自分以外の他の同類あるいは他の生物との生存競争に敗れれば、死が待っており、さらには、その生物類そのものがこの地球上からいなくなるということも起きます。

生物が生き永らえてきた長い歴史のなかで、それぞれの生物は、このような種の保存や淘汰を繰り返しながら、また進化しながら今に至っています。

・・・・

「恩」ということを考えた場合、たとえば学校の先生などには、「教えの恩」というものがあると言えるのではないでしょうか。

先生のもとで、いろいろな事柄や世の中で生きていくすべを学び、世の中で自立していくためのさまざまな手がかりを得ることができていると思います。

ありがたいことで、これこそは恩というべきものではないかと思います。

私も、小学校に入ったときの担任の先生（女の先生でした）の、温かく愛情の籠ったお心で、私たち生徒に接しておられたお姿を、今も時々思い出しては、・・本当にお世話になった、ありがたかった・・という思いがこみ上げてくるのを覚えます。

やんちゃなころの、また、多感で遊び盛りの生徒たちを、本当にうまく育んで成長させてもらったものだと感謝の気持ちでいっぱいという思いです。・・

・・・・・

さて、親が子に対して、たとえば、「少ない給料のなかで、苦しいなか、お前たちを育てるのは大変だった。苦労したんだよ」と言うのが一般的には多いのではないかと思われますが、これは、考えてみればおかしなことと言えるのではないでしょうか。

それを言う資格は親にはないのではないでしょうか。


そんなに苦しい思いをするならば、極端な話、子どもを作らなければよかったのです。

勝手に（また失礼な言い方をしますが）子どもを作っておいて、子どもを育てるのに苦労した、親の気持ちが分からないのか、分かってほしい・・などとは言えないのではないでしょうか。

それを言うのはおかしなことではないかと思います。

それを言うのはおこがましいことであり、子にとっては、そんなことを言われる筋合いは何もないと思われます。

・・子は、望んでこの世に生まれてきたわけではないのですから・・・

親は子より偉いわけでもなんでもありません。

子は親の持ち物、所有物でもありません。

親の威厳などというものもありません。

親は、子より人生経験が二十年〜三十年程度、あるいはそれ以上長い・・というだけのことです。

親は子に対して偉そうに言えることは何もないのです。

子よりもより長く生きているというだけのこと。

親も、元は子であったのです。

子もいずれは親として生きていくのです。

子は一個の独立した人間なのです。

子に対して、よい方向にいくようにアドバイスすることはできますが、こうしろ、ああしろなどという権利は何もないと思います。


親は・・どんなに苦しかろうが、苦労しようが、子どもを産んだ以上は、子どもをちゃんと育てる責任、義務があるのです。

これは親の責務であると思います。


最近、人を無差別に殺傷したり、子が親や祖父母を殺傷するような、なんともやりきれない事件が毎日のように起きています。

このような事件の背景にも親の存在が影響しているのではないかと思われます。

そのような人間に育ててしまった親にも大きな責任があるのではないでしょうか。

そのような人間にならないように、まっとうに生きることを教え、育てるのが親ではないでしょうか。


また、逆に、親が幼い子どもを殺傷するというようなことも起きています。

この場合などは、本当にやりきれない思いでいっぱいになるのですが、・・・子は親だけが頼りなのに、その親が、子を死に至らせるような暴力をふるって痛めつけたりするなどは・・・

それこそ、子どもは、親を親ではなく、他人どころか鬼と思うようになると思いやられ、また、子にしてみれば、地獄にいるようなものと思ってしまうものと想像されます。・・

このようなことは、最近は、日常茶飯事のごとくに、毎日のように報道されています。

このような報道に接するたびに、本当にやりきれない思いでいっぱいになります。

何という親なのかと思います。

親に対する教育も必要なのではないか・・とまで思ってしまいます。

子どもを育てるための・・親に対する「義務教育」が必要・・・と。

いずれにしても、親子の繋がりが、まさに希薄になってきている・・という気がします。・・

・・親孝行とは・・

子が、社会の中で普通に生きていく・・ということではないでしょうか。・・子が、独り立ちして、普通の人並みに生きていくことであり、それがすなわち親孝行というものではないかと思います。

そのような子の成長をみれば、親は、親としての役目が果たせたと思い、・・「ああ安心した」・・と思うのではないでしょうか。

子どもを産んで育てて一人前になってくれた、嬉しい・・と思ってもらえることが、親孝行というものなのではないでしょうか。

何も偉くなることが親孝行ということでもなく、普通に生きてくれれば、それで親の役目は果たせたと思うのではないでしょうか。

それが親というものではないでしょうか。・・

親子というのは、・・冷たい言い方と言われるかも知れませんが・・そもそもは、子孫を残すという本能の世界のなかでの関係・・ということではないかと思います。

お互いに心を持った人間ですから、それぞれが、心のなかに、お互いに対する感謝や信頼の気持ちを持ちつづける関係・・ということは言えるとは思いますが・・・

一般には、・・親の世話をすることが親孝行・・と思われている方が多いのではないかと思われますが、本当に親の世話をすることが親孝行・・ということなのでしょうか。

もし、子に自分の世話をしてもらうことが、嬉しい、孝行な子だ、と思ったとしたら、それはおかしなことではないかと思われます。

子はそのために束縛されることになっているわけで、子の自由な時間が制限されることになるのです。

子にとっては大きな負担となることであり、望まれないことではないかと思われます。

それを考えない、思い至らないとすれば、その親はむしろ鬼親などと言われてもしょうがないのではないかと思われます。

子の自由を束縛して喜んでいる、嬉しく思っている、幸せと感じている・・ということであると考えられ、・・それは鬼のすることではないか・・・

自分を犠牲にしてでも、身を削ってでも子に尽くすというのが親であり、親の責務ではないでしょうか。

それが、子孫を残すという人間の、動物の、本能というものだと思います。

子に犠牲を強いて嬉しく思うなどというのは、親としておかしなこと、思い違いなことではないか・・と思います。

親として、我が子に世話をしてもらうのが一番嬉しい・・と思う人が多いのかも知れません。

また、子としても、世話になった親の面倒をみるのは当然、という思いでお世話をしておられる人も多いとは思います。

しかし、これは子に犠牲を強いることとなっているということであり、親としては、よく考えないといけないところではないかと思います。

このようなことに気がついていない、考えたこともないという方があるいは多いのかも知れません。

親として、子の世話を受けるのは、ごくあたりまえのこと・・というように・・・。

しかし、私ならば、子のその気持ちだけでありがとう・・と言うところです。

そう思ってくれる気持ちだけで、もうそれだけで十分・・と言うと思います。

それこそ、お互いに感謝の気持ちが通じ合う世界ということではないでしょうか。

気持ちの通じ合いこそが、人間としての親子のつながりである・・ということではないかと思います。・・

・・・・

生きる意味を考えてもしょうがない。

何のために生きているのか考えてもしょうがない。

誰もが、何々をしよう、これこれを成し遂げよう・・などと思ってこの世に生まれてきた

わけではないのですから・・・

「これこれをやりたいから」・・ということで、生まれようとして生まれてきたわけではない。

自分の意志で生まれてきたのではないのである。

男として生まれよう、女として生まれよう・・と思って生まれてきたわけでもない。

・・気がついたら・・・

男として生まれ、生きていた・・

女として生まれ、生きていた・・ということです。

たまたま男であったり、女であったりした・・というだけのこと・・

自分の意志は何も働いていないのである。

・・たまたま・・の世界・・・

何か生きる意味を見出そうとして、生きがいなどを人は模索し、考えるでしょうが、考えてもしょうがないのである。

どう生きようか・・とは考えないといけないとは思いますが、これをしなくてはならないということも、何々はだめということもない。
・・知らぬ間に生きていたということですから・・
死ぬまでをどう生きるか・・というだけのことなのです。
死なないようにただひたすら生きるしかない。
この世に生まれたからには、とにかく生きないといけないのである。・・
・・死ぬまで生きないといけないのである・・
この人は○○年～□□年の間生きていた、あの人は△○年～□△年の間生きていた・・というだけのこと。・・

それ以外で個人というものを明確に示すものは何もない。

その間何をしていたかは、詳しいことは本人にしか分からないのである。

その本人が亡くなれば、その人の人生がどうであったかは、他の人にはよくは分からないのであり、時間とともに、ほとんど関心ももたれないこととなってしまう。

関心をもたれたとしても、そのうちにいつかは忘れ去られてしまう。・・

まわりの人たちにとっては思い出のなかには残ることになるかも知れませんが、それも記憶としては次第に薄れていってしまいます。

そうだったな、そういえばあの人がこういうふうに生きていた・・というようなこととなってしまうものと考えられます。


歴史に名を残すようなすばらしい業績を残した人でも、・・いつかは・・、ああそういう人物もいたね・・ぐらいの話となるものと考えられ、それだけのことと考えられます。

本人が亡くなったあとでそのような記録などが残されていたとしても、それは亡くなった本人にはそもそも何も分からないことであり、それが本人に分からなければ、本人にとっては何の意味もないことになってしまうということです。
名誉もなにも、死んでしまえば、本人にとっては、その瞬間に全ては終わってしまう。
たとえば、著名な絵画をたくさん残した有名なゴッホを例として考えてみると・・
ゴッホの絵は今も多くの人々に感動を与え、またその絵は高額の価格で売買されたりします。
しかし、そのようなことは、亡くなってしまったゴッホには何も分からないのです。
どのようになっているのか知る由もないのである。
もうこの世にはいないわけですから。・・
あとに残った人たちが、ゴッホに関していろいろなことを行ったり、語ったりしているだ
けであり、それは本人のあずかり知らぬことであって、本人には何の関係もないのです。
亡くなってしまえば、全てはそこで終わってしまう。・・・
ゴッホのように、人々に永く語り継がれるような人は、そう多くはいないと考えられます。
多くの人は、亡くなれば、いつかしら人々の記憶からも消えていくのである。

本人の意思がなくなった時点で、その個人は無となる。

亡くなってしまえば、その人はそれで全て終わる。

・・すべてはそこで終わってしまう。・・

その人が亡くなっても、・・また次の日には太陽が東の空から昇り、人々は何事もなかったかのようにあわただしく生活を始め、電車は動き、車は渋滞を繰り返し・・夕方になれば日が暮れて、夜には酒場がにぎわいを取り戻すのである。

これを毎日毎日繰り返すのである。

人が亡くなろうが、亡くならなかろうが・・、何が起ころうが・・、地球上では、ただそれらが日々繰り返されるだけなのである。


地球は・・全く何事もなかったかの如くに、ゆっくりと自転を行いながら、静かに太陽の

周りを巡るのである。・・・

・・・・

亡くなった本人にとっては、生きがいも何も、もともとなかったのです。

重く考えることはないのです。

すなおに生きればよいのです。

ただし、・・人間として生まれた以上は、その時代や社会の規範、規律などは守らなくてはならない。

人に迷惑となるような、また、自分勝手に規律もなく生きる、犯罪をおかす、・・というようなことはできないのである。

それが、人間として生まれてきた以上、一生背負わなくてはならないものであり、義務であり、責任であり、宿命とも言えるものなのである。

一人で生きているわけではないのですから・・・

また、それが、人間の人間たるゆえんであり、人間としての知恵を発揮するところでもあると思います。

・・・・・

・・・・・

生まれてきたのはたまたま・・

親との出会いもたまたま・・

仮に、両親が結婚していなかったら、生まれてきていなかったのです。

どこに住んでいるのかもたまたま・・

そこでの人との出会いもたまたま・・

どの学校にいくのかも、・・どの先生やどの友人に巡り会うのかも・・たまたま・・

たとえば、もし、入った大学と違う大学に入っていたとすれば、・・また全く違った人生を歩んでいたことであろうということです。

全く違った先生や友人と出会っていて、恐らく、考え方も大きく異なったものとなっていたことであろう・・ということです。

その場合においても、・・それに合った道を、それなりに歩んでいたことであろう・・ということです。

どの会社にいくのかも・・
会社の上司や仲間との出会いも・・
・・たまたま・・
転勤した場合でも、・・転勤していなかったら・・転勤して出会ったその人たちとは全く出会わなかったのである。

たまたまの、あるきっかけがなかったら、出会ったその人たちとは出会っていなかったのである。

その人の存在そのものも、全く知らなかったことであろう・・ということです。

誰とめぐりあうのかも、誰と結婚するのかも・・

子どもができるかどうかも・・たまたま・・・

出会ったその人たちは、もともとは、全くの見知らぬ人たちであったのであり、見ず知らずの赤の他人であったのである。

それが、たまたまのあるきっかけがあって、偶然にも知り合いとなったのです。

たまたま出会った人たちなのです。

「たまたま」が無かったら、知り合いにはなっていなかったのである。

・・・・

嵐に遭うのも、水害に遭うのも、大地震に遭うのも・・・

交通事故に遭うのも・・・たまたま・・・
すべてが「たまたま」の繰り返しの人生なのである。
そのなかで我々は生きている。
生活している。

よい出会いもあればよくない出会いもあります。
この人と会えてよかったと思う出会いもあります。
出会わなければよかった、やめてほしかった・・と思う出会いもあります。
すべては、運がよかったかよくなかったかにかかっています。

・・運命のなせる業・・

そのなかで我々は生きている。
生活している。

すべてはたまたま、偶然でできている。・・・

人生は、思っているほどそんなに深刻なものではないのではないか・・・
人生とは偶然の産物なのである。

・・我々は偶然生きているのである・・・

必然的なものは何もない。

必然的と思うのは、・・あとから振り返って、そうであったのではないか・・と思うだけのこと。

全てはたまたまなのである。

たまたまなので、それに固執することは何もない。

「たまたま」に何とか価値を見出しながら、自分を納得させるしかないのである。

流れに身をまかせるしかないのである。

そうすると、また次に新たな「たまたま」に出会い、それを再出発点として、またその先の人生を歩んでいくのである。

・・・その繰り返しが人生なのである・・・

・・・・・

・・・・・

人間は・・、他の動物や植物なども含め、すべての生物も同様と考えられますが、・・結局は、「子孫を残すために生まれてきた」・・ということではないでしょうか・・・

なぜかは分かりませんが、この地球上に生を受けたもの全ては、・・生を受けたあとは子孫を残し、これを延々と繰り返しながら、・・長い長い年月を積み重ねて・・・という気の遠くなるような歴史をつくってきています。

これは全ての生物がそうです。
自分の周りとの生存競争に打ち勝ちながら、生き永らえて・・子孫を残しては、この世を去っていく・・・
この繰り返しが、地球上のすべての生物の歴史となっています。

魚のサケなどは、稚魚のときに川から海に移動していき、そこで成長したのちに、また自分が生まれた川に戻り、産卵したあとは息絶えて・・一生を終えます。・・

それこそ、何のために生きてきたのか分からないような状態で、産卵し、死を迎えるわけです。

まさに、魚などは、産卵するため、子孫を残すために生まれ、生きている・・ということではないでしょうか。

鳥類や哺乳類などは、子を産んだあとは成長するまでは育てますが、成長すれば、子は親からは離れていきます。

その親も寿命が尽きれば死を迎えます。

このようなことを考えると、・・全ての生物は、子孫を残すために生まれ、生きている・・ということになるのではないか・・と思われます。

植物なども、種子を残しては、いつかは枯れて、次の世代に後世をゆだねていきます。

我々人間も、・・詰まるところは、これらの動物や植物などのすべての生物と同様、子孫を残すということを延々と繰り返しながら、地球上で生き永らえてきている・・ということではないでしょうか。・・

我々も、やはり、子孫を残すために生きている・・・ということではないか・・・
我々は、子孫を残すために、生まれ、生きている・・・と。

・・これが、あるいは我々人間の生きる意味なのかも知れません・・・

なかには、自分は子どもをもうけないとされる方もおられます。・・

それを否定するつもりはありません。・・

それぞれの人がそれぞれの思いで生きていかれればよいのであって、・・どういうわけかは分かりませんが、ほとんどの人が、また、すべての生物においても、本能的に、次の生命を残すということを延々と行ってきている・・ということかと思われます。・・

・・・・・

・・・・・

・・・・・

2　自分だけが、自分の周りだけが、特別というわけではない

自分の周りにいて、自分と何等かの関わりがある人や知り合いの人、また、近所などで身近に知っている人などには、・・よい人が多い、自分と気が合う人が多い・・と多くの人は思っているのではないかと思われます。
自分の周りにはそんなに悪い人はいない。
普通の人が多い。
よい人たち、気の合う人たちに恵まれている・・・
しかし、自分の周りにいる人でも、・・また、そうでない人でも、・・
今は知り合いではないとしても・・

仮に知り合いになったとすれば・・・
恐らく、お互いに大なり小なり気が合うということになる人が、同じように出てくるのではないか・・と思われます。
自分の周り以外のところも、自分の周りと同じような人たちで構成されている・・・
・・それが人間というものの在りようではないか・・・

自分の周りには、また、日本中には、・・さらには世界中には、・・どこにでもいる普通の人が普通にいて、普通に生きている・・ということではないでしょうか・・・
どの人をとっても、大体は、どこにでもいる、標準的な、普通の人間・・と言えるのではないでしょうか。
よほどの変わった人、異常な考えを持った人、異端児ともいえる人・・と考えられるような人などは別として・・・

・・人間は、皆、どこにでもいる人間である・・

皆、人間として、そんなに違いはないのではないか・・
人より多少記憶力がよかったり、頭の回転が速かったり、何でも知っていたり、うまく喋れたり、そつがなかったり、運動能力が高かったり、辛抱強かったり、努力家だったり、思いやりが強かったり、優しかったり、明るかったり・・などの違いはあるとは思われますが、それも、それほどの違いがあるということでもないのではないか・・・
結局は、多少の能力や性格などの違いはあるとしても、皆、概ね標準的な人間どうしで、この世界は成り立っている・・ということではないでしょうか・・・

結婚相手も、・・その人にとっては特別な人で、これ以上ない人である・・
これほどよき伴侶はいない・・
かけがえのない、唯一無二の最愛の人である・・
・・と、多くの人は思いながら結婚されたかと思われます。

結婚後、性格や考え方が合わないということなどで、夫婦仲がうまくいかなくなったり、離婚してしまう・・というようなことも、少なからずありますが・・・
しかし、結婚相手との出会いは「たまたま」なものであり、たまたま知り合った人である・・という人がほとんどではないかと思われます。
何も特別な人というわけではなく、たまたま知り合って、そのたまたま知り合った人と気が合った・・ということではないでしょうか。・・・

私も結婚していますが、お見合いで結婚しています。

私の側の仲人と、家内の側の仲人が、たまたま知り合いで、私と家内がたまたま結婚適齢期にあったことから話が生じて、お見合いをし、結婚したものです。

当然のことながら、それまでは、家内のことは知る由もなく、全くの「赤の他人」でした。

それが、たまたまの機会があって、たまたまお見合いをして、・・気が合うと思ったので、結婚した・・ということです。

・・必然的なものは何もありません。・・

私の側の仲人と、家内の側の仲人が、仮に知り合いでなかったとしたら、私と家内はお見合いをすることもなく、また、結婚することもなかったということです。

私たち夫婦には息子が二人いますが、その二人の息子も生まれてこなかったということです。・・

「たまたま」の結果、私の家族がいるということです。

そういう私そのものも、「たまたま」この世に生まれてきているということです。

私の両親が、・・仮に、結婚していなかったら、・・私はこの世に生まれてはこなかったということです。

「たまたま」私はこの世に生きている・・・

・・結果として・・、私は、自分を、私という個人だと思っている・・

・・私を私と自ら認識している「私」そのものである・・

・・と、いつの間にかそのように自覚している「私」がいる・・

・・ということです・・・

自分の周りにいる人々は、自分と同じような「普通の標準的な人々」、「特別というわけではない人々」で構成されている・・

・・と考えれば・・

・・たまたま知り合ったことがきっかけとなって・・

・・そのまま「特に大きな違和感もなく」、普通に意気投合し、結婚に至るまでになっている・・・

ということなのではないかと考えられます。

それが、本人たちにとっては、後から振り返ってみれば、神のめぐり合わせによるような特別なものと思うようになっている・・ということではないでしょうか。

街ですれ違う多くの人々も、仮に声をかけて話をし始めたとすれば、恐らく、少なからず意気統合して、その後は知り合いになったり、友だちになったり、恋人として発展したりする可能性が大いにあるのではないか・・と思われます。
たまたま街ですれ違った、たまたま横にいた・・というような、見ず知らずの人には、何かないかぎりは、普通は声はかけませんが・・・
しかし、仮に声をかけたとすれば、また違った展開になっていくのではないか・・・
その人にとっては、そのあとにはまた違った人生が待っている・・というようなことになっていくのではないか・・・

ある偶然がきっかけとなって、それまではまったく知らなかったある人と知り合いになり、その後のその人の人生が、それによって大きく変わっていく・・・・ということも十分に有り得るのではないかと思われます。
・・あるいは、むしろそれが普通である・・ということなのかも知れません。
・・人生の全てはたまたまの繰り返し・・・

自分の周りは、そのような「たまたま」に結びつく人々で常に満たされている。
「たまたま」となる人々で構成されている。
・・ということではないかと思われます。・・

・・・・

自分も、また、自分の周りにいる人々も含めて、人間は皆、人間としてそれほど大きな差はないということではないか・・・

・・自分だけが特別な存在ということはない・・・
・・自分の周りの人たちも特別な存在ということはない・・・

たとえば、数万人規模というような大規模な集会やイベントなどで、多くの人々が集まっている姿をときどきテレビで目にすることがありますが、・・その多くの人々の姿からは、どの人が誰で、誰が誰であるのかなどはまず分からなくなります。
・・ただの多くの人たちの集まり・・・
・・ただの人々の塊・・・
そうなれば、そこでは個人も個性も何もなくなるものと思われます。

その区別は何もできなくなると思われます。・・

東京駅などでの朝夕のラッシュ時のホームや通路などにおける多くの人々の姿や、歩行者天国などでの道路を満たした人々の姿などをみても、誰が誰であるのか区別はつきません。

遠目にみれば皆同じような人間に見えます。

この場合も、個人、個性などを感じることもありません。

人が集まれば・・個人、個性も何も分からない、ただの人々の集合・・とつくづく思ってしまいます。

人が集まればそうですが、・・集まらなくても・・一人一人をみた場合においても・・

周りからみれば、結局は同じように見えるのではないか・・・

・・何の変哲もないただの普通の人・・

・・となるのではないかと思われます。

姿、格好や、顔・形、表情などに違いはあるとは思いますが・・

・・皆、同じような人間である・・・と。

・・仮に、多くの人が、皆、裸になって、丸坊主姿で集まったとすれば・・それこそ、個々人の区別はさらに難しくなるものと思われます。・・・

・・・人間は皆、「one of them」ということではないか・・・

人間は、幼いころから、皆、同じような教育を受け、また、テレビなどでの同じような情報に接してきている・・ということを考えると、物の考え方や思いなどは、自然と皆が大体同じようになっていくのではないかと思われます。

頭脳の優劣や種々の能力の高低などの差は生じてくるとは思われますが、皆、概ね標準的な人間に育っていくのではないかと思われます。

標準的な人間から大きく離れた人間は、そうはいないのではないか・・・

・・大体は、皆が同じような人間として成長していっている・・

「個性派」というのが何かもてはやされるような今の世の中かと思われますが、中身はそれほどの違いはないのではないかと思われます。

無理やり作った「個性派」、見せかけの「個性派」が多いのではないかと思われます。

たとえば、個性的な帽子を被ったり、個性的な服を纏えば、自分は他の人とはちょっと違うんだよ、自分は個性派なんだよ・・と周りにみてもらえる、個性派をアッピールできている・・と考えている人が多いのではないかと思われます。

そのような人たちでも、詰まるところは、個々人としてもっている思想や信条、性格などの違いはあるかも知れませんが、大体は、平均的な考えや心を持っている人たち・・ということなのではないかと思われます。

同じような考えをもつということの極端な例として挙げられるのが、洗脳教育であると考えられます。

洗脳教育を受けた人たちは、皆が同じような考えをするようになります。

また、そのようにしなければ、捕まったり、罰せられたりすることになります。

いやでも、言われたとおりのことをしなければならないということです。

洗脳教育を受ければ、人と人との考えの違いや、思っていることの差違が、極端に小さくなっていくものと思われます。

すなわち、それこそ個性がなくなって一律化する、・・「ロボット化」する・・ということになるのだと思われます。

洗脳教育とまではいきませんが、普通の学校教育でも、皆が同じような教育を受けているということを考えると、やはり皆が概ね同じように考えたりするようになるのではないかと思われます。

物事の良し悪しや、やってよいことと悪いことの判断なども含めて、皆が概ね普通の標準的な考え方をする人間に育っていくということではないでしょうか。

また、これが、周りの人と気が合う・・というところにつながっていくのではないかと考えられます。

お互いに同じような考えをもっている・・という・・。

・・そうだね、貴方の言う通りだと私も思う・・

・・とか・・

私は少し違ってこのように考える。それはこうだと思うが・・

・・とか・・

それでもお互いにそれほど大きな違いがあるというわけでもない。

取っ組み合いの大げんかをするほど、考え方に大きな違いがある・・というようなことはそう多くはないのではないかと思われます。

すなわち、世の中の秩序を乱さないように、皆が概ね標準的な考え方をするように、学校教育や家庭教育、社会環境などによって、おのずと導かれ育っていっているということかと思われます。

その結果、他の人の考え方に、それほど大きな違和感を覚えないのではないかと思われます。

それこそ、そうでなければ、秩序も道徳も何もない、皆が好き勝手なことを考えたり行ったりする、まとまりのつかない世の中になってしまうものと考えられます。

その意味では、学校教育や家庭教育、社会環境などは、人間の成長にとって大きな影響力があり、また、大きな責任を負っている・・ということが言えるのではないかと思います。・・

・・結果としては・・皆が概ね平均的な人間に育っていっている・・・

人の物の考え方、個性などは、・・数学でいうところの、いわゆる「正規分布」的なものとなっていて、多くの人が概ね同じような考え方をするようになっていっている・・ということではないかと考えられます。

当然、なかにはそうではない人、おかしな考え方をする人、正規分布の両端域に位置するような人もいると考えられますが、そのような人たちは、全体からみれば少数となっていると考えられます。

また、極端な思想をもった人や、道徳を踏みにじるような考えを持った人なども、なかにはいるわけですが、そのような標準的な考え方から外れる考え方をする人がいたとしても、それはそれで、「正規分布」という考えにたてば、十分に有り得ることだと言えるのではないかと考えられます。

そうではない多くの普通の人は、正規分布の平均値周辺に分布するような考え方をしている・・ということになるのではないかと考えられます。

また、この正規分布に関しては、その分布の形としては、できることならば背の低いつぶれたような平べったい形ではなく、平均値のところに皆が集中するような、背の高い形のほうが社会としては望まれるものとなると考えられます。

動物についてはどうかというと、・・動物には、脳のなかに、このような思考的な行為を司る領域はほとんどありません。

犬やねこ、馬や牛、虎や熊など、人間以外のすべての動物は、人間のようにいろいろなことを考えたりしているわけではありません。

何かを深く考えるということはしていません。

ただ本能で動いています。

敵がいれば威嚇して襲いかかったり、自分より強いと判断したら必死で逃げます。

獲物がいたら、追いかけまわして捕って食べる・・など・・

動物の種類ごとに、それぞれの本能に応じた行動をとっていると考えられます。

動物には個性はほとんどないと考えられます。

それは、脳のなかにそのような思考などを司る領域がほとんど無いということによります。

動物は、ただ本能のままに生きています。

人間は、動物のように本能だけで行動するということは、まず無いと考えられ、ほとんどの場合はその上域にある思考や高度な判断を伴って行動していると考えられます。しかし、その思考なども、標準的、平均的となっているところが多いと考えられ、周りを見渡せば、皆同じような人間として存在しているということになると考えられます。

・・自分だけが、自分の周りだけが特別ということではないのではないか・・・

動物よりは高等かも知れませんが、皆同じように考え、行動する・・という意味では、動物とそれほどの違いはないと言えるのかも知れません。・・・

人間どうし、いろいろな観点からも、それほど大きな違いはないのではないか・・・と思われます。・・

・・・・・

人間の意識や思考、判断、あるいは、個性、心といったものを司っているのは、脳の神経細胞間のネットワーク的な活動、働き・・と考えられています。

その詳細なしくみについては、まだ十分に分かっているわけではありませんが、脳の神経細胞間での「神経伝達物質」の受け渡しがこの働きを担っていると考えられており、神経細胞間を、瞬時にめまぐるしく情報伝達する・・という神経細胞の活動そのものが、意識や思考、判断などを生み、・・その結果、個性や心として、その人間の表象となって現れてくるものと考えられています。

人間は、脳の外側を占めている「大脳皮質」が他の動物と比べて特に大きく発達していますが、このような活動は、主にその大脳皮質で行われていると考えられています。

本書では、このような「脳の神経細胞間のネットワークとしての活動、働き」については、同じような意味づけとして、「脳の神経回路の働き」・・などとも記しています。

これは同じようなことを意味していると思っていただければと思います。

・・・・・

いずれにしても、脳の活動様式が、大きなところでは皆それほど変わらないかたちで、幼いころから、脳とともに成長していっている・・ということではないかと考えられます。・・・・

・・・・・

・・・・・

・・・・・

3　人間は苦労するために生まれてきている

人間は苦労するために生まれてきていると言えるのではないか・・・

そのようなことは、思ったことも、考えたこともない・・と言われるかも知れませんが・・・

あるいは、生きていくのがあたりまえで、特に何とも思っていない・・ということなのかも知れません。・・・

また、一方では、人間は、死にたくないという気持ちも常に持っていると思われます。

死にたくない。死ぬのはいやだ。

死んだらどうなるのか分からない・・怖い。

いやな辛い思いをすることもあるが、生きているということ・・それが幸せ。
明るく、楽しく、できる限り長く生きたい・・
天寿を全うしたい・・・

・・・・

人間は、・・気がついたら自分として生きていた・・ということだと思いますが、その後はどうなるかというと、・・まず、苦労する人生が待っていると考えられます。・・・

学校教育の場、試験・受験・・
競争社会である会社人生・・
あるいは、自営業や商売人、職業人などとしての人生・・
子の養育に腐心しつつ家族の健勝を第一に思う日々の生活・・
また、・・一住民としての、地域における社会生活やいろいろな人との付き合い、人間関

係・・
・・などなど・・
・・生きていくために、人は、苦労の連続の日々を送っている・・ということが言えるのではないでしょうか。・・・
自分の意志で生まれてきたわけではないけれども、気がつけば、生きるための生存競争にさらされている中にいた・・ということだと思います。
生きるためには・・
食べていくためには・・
すなわち、・・
生存競争にも負けずに生き延びていくためには・・・
・・苦労しないといけないのである。・・・

・・苦労しないでは生きていけない、食べていけない社会に、我々は生きている。・・・

多くの財産が有る家に生まれ、何の苦労をすることもなく育ち、自分の思い通りの人生を、優雅な人生を、好きなように送っている・・という人もなかにはいると思われますが、それはほんの一握りの人であると思われます。

ほとんどの人は、苦労の多い人生を送っているのではないかと思われます。

苦労するのが人生・・というような人生を送っているのではないでしょうか。・・

苦労しないで過ごしていると思われる時間は、苦労している時間の1%にも満たないのではないでしょうか。

人間は、その1%にも満たないと思われるよい時間、楽しい時間、幸せと感じる時間を追い求めながら人生を送っている・・ということではないかと思います。

この「苦労」ということではすべての動物でも同じと考えられます。・・

生きるために、生存競争に打ち勝つために、毎日毎日、苦労しながら獲物をさがしては生き延びている。

動物は、それを苦労と思うことはないとは考えられますが、苦労しているということでは変わりはないと考えられます。・・

・・・・

「・・夢のような・・」、「・・夢を追いかけて・・」・・とよく言います。

その「夢」という言葉は、・・「天国にいるような幸せなもの・・幸せなこと・・」、「理想の姿・・」、「希望・・生涯をかけて追い求めるもの・・」というような意味合いで用いられていると思いますが、我々の実際に見る「夢」は、大体はわけの分からない、支離滅裂と言ってもよいような、むしろ、みたくなかったと思うような夢が多いのではないかと思われます。

私も、・・これまでも・・とてもではないですが、幸せいっぱいなよい夢・・というものを見たことはありません。

よく晴れた青空のもと、恋人と笑顔でお花畑を駆けている・・というような夢もみたことはありません。

夢として覚えている夢もそう多くはありませんが、・・これは・・「眠っている間には何らかの夢をみているはずだ・・」というようなことを特に意識することがなければ、目が覚めるとともにそれまで見ていた夢の内容も同時にすっかり忘れてしまう・・となってしまう・・ということも影響しているものと思われます。

その何とか覚えている夢も、まともな、また幸せを感じるような夢は今までありません。

恐らく皆さんもそう感じておられるのではないでしょうか・・・

走ろうと思っても、足が重しを載せられたように重くて、・・動かそうと思っても動かず、それでも誰かにあるいは何かの動物などに追いかけられていたり・・・
また、暗い闇のような中を歩いていて、歩いても、歩いても、目的の場所につかなかった

り・・・
夢をみている本人は、それが特に変だと思うこともなく、・・夢のなかにいて、普通に夢の主人公となっています。
すでに亡くなっている家族や知人が出てきても、別に不思議とも思わずに、その場面が普通に目の前に展開されて、自分もそのなかで何かをしている。・・
こんなんだっけ、・・これでよいよね・・
と思いながらも、よく分からないことを、なぜか、皆、淡々とやっている・・
・・などというところで・・夢から覚める・・
・・というような・・

先日も、・・道路が冠水していて、そこに人がたくさん浮かんでいる・・という夢を見ました。・・
雪の積もった街の、なぜか階段を、誰かと降りようとしていて、私はその誰かに「雪が積もっているがら、滑ってころばないように降りてよ・・」と言いながら、傍にある手すりにつかまって雪の積もった階段を降りていきました。

・・すると、今度は一転してうす暗い街中となり、道路が一面冠水していて、その冠水した水面に人が浮かんでいました。

その人はコートを着て、帽子も被っていましたが、俯け状態で漂っていました。周りを見渡してみると、同じように水に浮かんでいる人が、あたり一面にあちらこちらに見えました。

何人もの人が暗いなかで水に浮かんで漂っていました。・・

その様子に次第に慣れてきて・・、何なのかなあこれは・・・と思ったところで、目が覚めました。・・・

ある時などは、・・会社のなかの違う部署がある隣の建物に向かおうとしたときに、・・・土砂降りの雨のなか、・・目の前の・・水嵩が増してきている・・岩が露出した渓流のようなところを渡っていくしかない・・と、近くにいる人に指さして言われて・・・こんなところを渡ったら、靴がびしょびしょになるじゃないか・・と思いながら・・思い悩んでいると目が覚めた・・・ということもありました。・・これなど、その状況を不思議とも何とも思わずに、・・困ったな、どうしよう・・と思っているというところに普通ではないところがあります。

これらの夢などは、・・豪雨によって河川が氾濫し、街が一面冠水するといったことが最近は増えてきていると思いますが、恐らくその記憶がもととなって、夢として現れてきたのではないか・・と思われます。

いずれにしても、イメージとして頭のなかにある、脳のなかにある、現実の我々の生活や経験などにもとづいた記憶が、形を変えて、とりとめもなく、辻褄が合わないまま断片的に現れてきている・・というのが実際に見る「夢」というものではないかと思われます。・・・

「夢」という「言葉」は、我々の抱く願いや追い求めるものを「象徴的に表している言葉」と考えられますが、・・いつも苦労しているがゆえに、眠っているときに見る夢ぐらいは、理想的な天国みたいなものであってほしい・・という思いで、・・「夢のような」という言葉となった・・ということではないかと思われます。

しかし、現実に見る夢は、残念ながら、これとは違ったかたちで我々の頭のなかに現れてきている・・ということかと思われます。・・・

・・・・
・・・・

多くの人は、周りの人から、・・「生まれてきてよかったね」、「生きるということはすばらしいこと」・・などと言われることがあるかと思われます。

また、「この世に生きる喜び」、「生き甲斐」ということも普通に言われると思います。

しかし、そのようなことも、・・何というか・・やはり、それを追い求めたいという人間の性《さが》を表している表現・・ということではないかと思われます。

自分にとって本当に喜びと感じること、幸せなことというのは、現実には、そうは無いのではないかと思われます。
幸せと思うことと、そうではないこととの比率は、人によって違うとは思われますが、・・これも・・一対百ぐらいの割合なのではないでしょうか・・・
幸せと感じないことのほうが、ストレスなどを感じることのほうが、・・苦労することのほうが、・・圧倒的に多いのではないでしょうか。・・
・・・・・

苦労するということは疲れるということであり、
生きるということは疲れるということ・・
生きるためには疲れないといけない・・
・・ということではないでしょうか・・・
人間は疲れるために生きている・・と言ってもよいのかも知れません。・・

・・・人間は疲れるために生まれてきたようなもの・・・

・・苦労の連続の生活・・

・・苦労そのものと思われるような人生・・

・・それでも・・

苦労はしているけれども・・・

疲れを感じるけれども・・

・・生きるのが喜び・・

幸せな人生を夢見て、自分の生きたいように生きてゆきたい・・

健康な体で、できる限り長く生きたい・・・

・・という思いを持っている方が多い・・・ということではないかと思われます。

あるいは、ほとんどの人がそうなのかも知れません・・

しかし、そうであるとしても、・・
苦労のない、疲れのない生活や人生はないのではないでしょうか・・
結局は、・・苦労するのが人生・・ということではないかと思われます・・
人間は皆、気がついたら、苦労しないと生きていけない競争社会に自分は生きていた・・・
・・そのなかで生きている・・
・・・ということではないかと思われます。・・・
・・・・・
・・・・・
・・・・・

4　人間の意識・人体の不可思議と虚実

人間の意識や心、自我、個性、性格などは、人としての物心がつきはじめるにしたがい、自らがかたちづくっていくものと考えられます。・・・これは遺伝するものではないのではないか・・

私は遺伝学者でも何でもないのでよくは分かりませんが・・、人の体そのものや血液などは、物体・物質として遺伝することは考えられますが、心や個性などは遺伝しないのではないか・・と思われます。

一卵性双生児は、顔や体つきから性格まで似ていると言われますが、二卵性双生児となると性格などは違うと言われます。

また、兄弟、姉妹に至っては、考え方や性格などは大きく異なっているというのが普通と思われます。

親子でも、一般には、性格などが同じということはないと思われます。

人間の意識や心、個性、性格などは、この世に生まれた後の、育った環境や教育などが影響してくるのではないかと考えられます。
家庭環境や学校教育、友人、隣人、種々の情報・・・
また、国民性、県民性、住んでいる地域の自然環境、気候や風土、文化・・・
・・など・・
・・その個人を取り巻くさまざまな環境が人間形成に影響しているのではないかと考えられます。・・・

多くの人は、家庭環境に大きく影響されて、親と同じような考え方や、生き方をたどるということになっていくのかも知れません。

あるいは、親と子の意見が合わずに、互いに殺人にまで至るなどというようなことも最近多く起きていることなどを考えると、必ずしも家庭環境だけによってその人の性格などがかたちづくられていくということでもないようにも思われます。

親への反発、子への不満、ということもあるでしょう。

いずれにしても、その人の育った周囲のさまざまな環境が人間形成に影響するものと考えられ、それによって、自らが自己を形成していくことになると考えられます。・・・
・・・・

人間が持っているさまざまな記憶などは、脳の神経細胞間のネットワークとしての働きによって脳のなかに蓄えられ、また、呼び戻すことができると考えられています。

人間の意識や心、思考、個性、性格なども、脳の神経細胞を、どのようなかたちで、どう働かせるかという・・脳の神経細胞間のネットワークを、神経回路を、どのように働かせるか・・ということにより形づくられていくものと考えられています。

この働きは、神経細胞間の「神経伝達物質」の受け渡しによってなされると考えられており、また、そのような思考や心などに係る働きは、脳の外側を占めている大脳皮質における神経細胞が主に担っていると考えられています。

「神経伝達物質」の神経細胞間での活発で複雑な受け渡し、神経回路の活発な働き、・・これが思考などの「実態」であり、自己認識を行っている「実態」であると考えられています。

このような脳の神経細胞間のネットワーク的な働き方の違いが、心、個性、性格などの、他の人との違いとなって表れてくるものと考えられます。
・・どのような神経回路をどのように構築し、働かせるかで、人と人との間に差が生じてくる・・・
脳の神経細胞の数などは、人間皆、それほど大きな差はないと考えられています。

体の構造や細胞、神経、また、人間を構成している物質そのものも、皆、差はないと考えられます。

仮に、脳だけを外に取り出して、横に置いて比較したとすれば、どれが誰の脳かは、まず区別はできないものと考えられます。

これは、脳だけではなく、全ての臓器や体の一部をとっても同様と考えられます。

物体・物質としての体は、どこをとっても他の人との見分けがつかない・・・

・・どこがいったい自分なのか、・・何が自分なのか・・・

手でも、足でも、胴体でも、筋肉でも、内臓でも、心臓でもない・・・

眼球でも、耳でも、口でも、声帯でも、血液でもない・・・

・・・脳そのものでもない・・・

体の各部位に名前でも付けていない限り、他の人との区別はまずできないと考えられます。臓器移植などでも、他の人の臓器が自分の体内に入ってくるわけですが、そのうちに自分の臓器として機能していくことになります。

物体・物質として自分のなかに組み込まれることになります。

輸血による血液なども、いつしか自分のものとなっていきます。


裸の状態で、首から上を隠したような場合には、その人がいったい誰であるのか、識別はまずできないと思われます。

体の大きい小さいや、太っている、痩せている、肌の色が濃い薄い、毛深い毛深くない、性別、・・などの違いはあるかも知れませんが、物体・物質としての体そのものは、人間ならばみな同じと考えられます。

人間は、・・皮膚を一皮剥けば、・・血と肉と内臓、骨・・などの塊になるわけで、その塊が、誰が誰であるのか、全く分からなくなると考えられます。

それが人間であり、動物であり、それが人間、動物の「実態」、「実像」であるということができると考えられます。

皮膚がある普通の体の状態で、血液が体のなかを巡るとともに、酸素や養分などを末端の細胞まで運び、その実像に「生命」が吹き込まれることによって・・・

・・脳の神経回路がネットワーク的に働き、・・

・・その人個人としての思考や感情などが生じてくるものと考えられます。

泣いたり、笑ったり、怒ったり・・といった感情や顔の表情・・

また、発する言葉の内容、発言の仕方、声の音色・・などにも人によって違いが生じてくると考えられ、・・

・・そのようなことによって、他の人との区別ができていくものと考えられます。・・

脳の神経細胞間のこのようなネットワークとしての働き方の違いが、個人としての違いとなって現れてくる・・・

この脳の神経細胞間のネットワーク的な働きそのものは、目に見えない瞬間瞬間のものであり、働きが終われば収まるもの、なくなるもの・・・すなわち、・・・「虚」なもの・・・と考えられます。・・・その人が死ねば、それこそ完全に消えてなくなります。

人間は、物体・物質としての「体」は「実存」しているが、心や個性、自分というもの、人と人との違い・・・などは、目に見えない、「実体」のない、・・まさに・・「虚」なもの、「虚像」である・・・・ということになるのではないでしょうか・・・

・・人間・個人は、・・目に見えない・・「実体」のない、「虚像」、「幻」である・・・と。

・・・・

その「虚」なものどうしが、知り合いとなって、ある人間関係を築いたり、笑い合ったり、お互いを信頼し合ったり、また、争ったり、別れたりしているのである。・・・

・・・「実体」とは、形のあるもの、目に見えるもの・・・

電波、電流、電子の動きなども、目に見えない「虚」なものである。

脳の神経細胞間のネットワーク的な働きも・・瞬間瞬間の動的なものであり、目に見えない、形のない「虚」なもの、「実体」のないものなのである・・・

・・・波の動きのようなもの・・・

波そのものは実体はない。

波の形は、そのときどきで変わり、・・たとえば海面の動きである海の波は、そのときの、

ある瞬間瞬間の上下の形を表しているだけ・・・
動きが終われば、その形は消えていく・・・

・・・「実体」はないのである・・・

脳のこのような働きは、「脳波」（脳のなかの微弱な電気の流れ・電位の変動）というかたちで確認されます。

人間は、「脳波」が生じていることで、生きていることが確認もされます。

・・・「脳波」があることが、人間として、個人として生きているということ・・・
このような脳の神経回路の働きで、人間は、「自分」というものも認識できていると考えられています。

その働きがなくなれば、停止すれば、・・「自分」という意識もなくなる。・・

・・自分というものを認識できなくなる・・・

生きている間だけ働いている神経回路・・・

これが動きを止めれば、人間は、個人は、そこで終わります。

「自分」とは、「個人」とは、このように「実体」がないとすれば、・・それこそ一体何なのか・・・というところにも行きあたります。・・・

・・自分とは・・・そもそも何者なのか、何なのか・・・

・・・・

脳の神経回路の働きで、なぜ「自分」というものが認識できたり、また、他の人を、物を、それと認識できたりするのだろうか・・・

・・・これは、いまだに「なぞ」の領域にあります・・・

人間のこのような認識や意識などに係る「実態」については、実は、よく分かっていない、解明されていない・・・というのが実際のところです。

なぜ、自分というものが認識できるのか、・・・よく考えてみると、実に不思議なこと、不可思議なことと考えられます。

脳のなかで、どうやって自分というものを認識し、自分というかたちで意識し、心、自覚などといったものが持てるのであろうか・・・

・・・それは、「虚」なもの、目に見えない動的なものであるから・・・

・・「実態」としてはよく分からない、掴めない・・・

・・・ということなのであろうか・・・

・・・これは、・・・

生きている人の脳を取り出して、実際にどのように活動しているのかを、直接見分、確認することはできない・・

・・そんなわけにはいかない・・

・・ということで、実態としてはよく分からない、掴めていない・・ということなのではないかと考えられます・・・

・・・・

・・声・言葉、音なども「実体」のない「虚」なもの・・

声や言葉は、発せられれば、・・そのときは、人などに認識されますが、・・発し終われば消えてなくなるもの・・・

録音でもしてあればそうではないが、後には残らない・・・
聞いた瞬間にしか分からない「虚」なもの。・・
・・それこそ、「言った」、「言わない」ということにもなるのである。
一旦、声帯から声・言葉が放たれれば、空気を振動させて周囲に伝わり、他の人の耳のなかの鼓膜を振動させて、声・言葉として認識される・・・
その「虚」な声・言葉の発信元は、・・これも「虚」な「人間」、「個人」なのである。・・・

・・・音なども同じこと・・・
空気の振動はその場限りの「虚」なもの。
空気の振動は、生じた後は消えてなくなる。

声・言葉とともに、「個人」という「虚」な発信元が示す身振り、手振り、表情なども、それが終われば、なくなるものであり、瞬間瞬間の「虚」なものなのである。・・・

声や言葉、音、音楽などの「虚」なものを、「個人」という「虚」なものが聴いて、・・
納得したり、嬉しく思ったり、感動したり、幸福感を抱いたりするのである。
その思いや心、感動、幸福感なども「虚」なものである。・・
・・全ての生きているもの、動いているものは、・・「虚」なもの・・・
・・全ては「虚」なものに支配されている・・・
世の中は、人間社会は、このような「実体」のない「虚」なもので成り立っている・・・
・・ということなのではないだろうか・・・
・・「虚」なもので作り上げられているのが、人間社会・・・
人間社会のなかに存在している建物や道路、インフラ、橋、ダム、工場など、形として残

されているもの、作られているものなどは地球上に「実存」しているが・・・

形のあるもの、形として残される実体のあるもの以外は、・・人間、動物・生物、・・全ての生きているもの・・動いているものは・・

また、・・終わったこと・・過ぎ去ったことは・・

全て「虚」となってしまうのである・・・

脳のなかの「虚」な思い出となっていくのである・・・

その過ぎ去ったことには、形としての「実体」は何もない・・・

今現在を過ぎれば、その、やったこと、行いは、すべて「虚」なものとなる。

同じこととしては、もう二度とは戻らない・・・

・・・・・

・・・・・

・・戦国の世に行われたさまざまな戦や、戦で勝った者、けがをした者、死んだ者、・・これらはすべて、今は「跡形」もないのである。
歴史としての「・・思い出・・」となっているに過ぎない・・・

・・「実体」としては何も残ってはいない・・・

戦が行われた所へ行っても、その様子は何もみえない、何も分からないのである。

その過去の出来事を知っている人などから話を聞きながら、・・「・・ああ、そうだったのですか・・・」・・と言うしかないのである。

まさに、松尾芭蕉の・・「・・夏草や兵どもが夢の跡・・」・・なのである。

過ぎ去ってしまったことがら、昔にあった出来事は、
・・全て「虚」なものとなっていくのである・・・
・・「思い出」に過ぎないものとなっていくのである。

「実体」のある「物」や「形」として残されない限り・・・
・・元には戻らない、再現できない・・

・・・「虚ろなもの」、・・・「幻」となるもの・・・

写真や資料、書物、家屋・・などなど、形のあるものは、その行われた行為の結果としての確認はできるが、動きそのもの、
瞬間瞬間の行為そのものは・・
・・何も残らない・・

旅行に行ったということも、・・写真などでは形として残るが、・・本人には、脳のなかの思い出として記憶され、残されるのみである。

その記憶も、脳のなかでの神経細胞間のネットワークとしての「虚」な働きがあってはじ

めて記憶として取り出すことができる「虚」なものなのである。
脳のなかに、実体のない「虚」なものとして蓄えられている。・・
・・「虚」な「思い出」・・ということである。・・

・・・・・
・・・・・

私の両親はすでに他界しています。・・・
両親もそうでしたが、葬儀などの場で、亡くなられた方のお顔を実際に拝見させていただくときに、いつも感じること・・・
・・・皆さん同じようにとても穏やかなお顔をして、棺のなかに安置されています。・・・
まさに天国に旅立たれたかのような穏やかなお顔、安らかな表情をされています。

「・・魂が天国に召された・・」とよく言われますが、まさにそのような、安らかな、清らかな表情をされています。・・・

人が亡くなるということは、その人の人間としての生命活動が停止し、「個人そのものがなくなる」・・ということです。

亡くなられた人のお顔の表情は、その人のそれまでの苦労や疲れが取れて、軛轢から逃れられて、解放されて・・、・・ほっとした、安心した、・・というような表情にみられます。・・・

亡くなられ、安置されている人は、「・・魂の抜け殻となっている・・」といったような表現もなされます。

亡くなるということは、神経回路の働きがなくなるということ。

脳の神経細胞間のネットワークとしての「虚」な活動が停止するということです。

人間として、この神経回路の働きがなくなれば死を迎えるということであり、これはすなわち、「魂」＝「神経回路の働き」＝「虚」なもの・・・ということではないでしょうか・・・

・・・「魂」とはそのようなものではないか・・・

魂の抜け殻となって、穏やかな、清らかなお顔をされているということは、・・・

・・「魂」とは、「自我」とは、「個人」とは、・・・

・・「穏やかならざるもの」、「清らかならざるもの」・・ということなのか・・・

・・・脳の活動は「・・穏やかならざる虚な活動・・」・・・

赤ちゃんや幼児は、皆、無邪気な顔、純心でかわいい顔をしています。ときどき、天使のように微笑んだり、声を出して笑ったりします。自然体で自分の周りを見渡しながら、親や人などの動きや声などに、そのまま素直に反応しているものと考えられます。

彼らの脳の神経回路はまだ十分には整備されておらず、自我や個性などもまだないと考えられます。

邪気の無い、純な心のままである・・ということが言えるのではないかと思われます。
それが、・・成長するにつれて、脳の神経細胞間のネットワークが複雑化、多様化しながら整備されることによって・・自我が芽生え、個性が生じるようになるとともに、顔や体なども次第に大人になっていくものと考えられます。

成長するということは、・・無邪気さや純心な心といったものが次第に薄れていき・・穏やかならざる、清らかならざる「心」、「魂」を持つようになっていく・・・・・ということなのか・・・

人は、亡くなることによって、・・元の赤ちゃんのような穏やかな優しい顔に戻る・・・・ということなのか・・・

・・・・・

逆に言えば、・・魂を、脳の活動を、穏やかなものとしていくということが、人間として生きていく上で望まれること、大切なこと・・と言えるのではないでしょうか・・・

自分が自分が・・という思いが・・
自分本位・・という考えが・・
自分がかわいい・・という思いが・・
・・人間としての、穏やかならざる「魂」を形作っていくのではないか・・・

自分として幸せに生きたい・・
自分として満たされた人生を歩みたい・・・
・・という思いが、欲望が・・
・・その人個人の考えの源となり、・・
その現れが、・・「魂」・・というものになっていくのではないか・・・

その「自分」という考えの基点を少しでも変えることによって・・・

魂は、個人は、穏やかなるもの、清らかなるものに近づいていく・・

穏やかな心、穏やかな顔となっていく・・

・・・のではないか・・・

自分本位ではなく、周りへの思い、思いやり、感謝の心、慈愛の心が大切である・・・ということなのではないでしょうか・・・

・・皆、自分ひとりで生きているわけではないのですから・・・

・・周りがあっての自分なのですから・・・

脳の活動、自意識、自我というものは、・・それこそ、無意識のうちに・・

・・自分が主体である、・・自分を守る、・・ということをもととして芽生えている、現

れてきているということではないでしょうか・・・

・・自分本位という考えが、・・・「個人」であり、「魂」である・・・と。

キリスト教の教えの一つに、「・・隣人を愛せよ・・」ということがあると思います。

仏教でも、「・・慈悲・慈愛の心を・・」ということが言われていると思います。

それが、悟りの境地、無私の境地、ということなのかも知れません。・・・

「慈悲・慈愛の心」を持つということが、人間として生きていくために大切であり、周りに対する思いやり、周りを大切にするという思いが、「穏やかな心・魂」につながっていく・・ということではないでしょうか・・・

弱肉強食の世界に生きているわけですから、・・自分が生き延びていくためには、そのようなことをやっていては、・・考えていては・・、生き延びられない・・・

自分は神様ではない、自分が幸せになりたいと思って生きている・・

・・と言われるかも知れません・・

しかし、これまでの人生を振り返ってみたときに、・・
人間として生きるということは、そのようなことだけではないのかも知れない・・
自分として生きるということは、最低限は行わないといけないとは思うけれども・・
・・そうではあるが・・
・・やはり周りとは協調して生きていかないといけない・・
・・と思われたこともきっとあったのではないかと思われます。・・・

・・・・・

・・・・・

人は顔に責任を持たなければならない・・とよく言われます。・・・
人の顔や表情は、その人のそれまでの人生を集大成したものを表している・・と私も思っています。・・・

「・・ギラギラした顔・・」というのは、・・まさに、自分は、「自分としての欲望の塊」である・・というようなことを表している・・ということなのではないでしょうか・・・その気持ちが表れている結果として、そのような顔になってきているということではないでしょうか。・・・

気難しい顔をしている人は、おそらく、それまでも気難しい人生を送ってこられたのではないかと思われます。

怒った顔をしている人は、いつも怒りながら生きている人かと思われます。

いつもにこにこと穏やかな顔をされている人は、それこそ穏やかな心で人生を歩んでこられたのではないかと思われます。

悟りの境地とも言える境地に達せられていると思われる人は、おそらく、慈悲深い、穏やかな、清らかなお顔をされているものと思われます。・・

・・・悟りの境地に達するということが、穏やかな心、穏やかな顔に通じる・・・

私は仏教などの宗教の熱心な信者というわけではありませんが、旅行などでお寺などを巡る折に、仏様やお釈迦様のお顔を拝見する機会は多くあります。

そのたびごとに、いつも感じることですが、仏様やお釈迦様は、どなたも「柔和な」、「穏やかな」お顔をされています。

なかには、きびしい目元をされている仏様などもおられますが、多くは「穏やかに」我々を見守られているように思います。・・

これは、・・皆さんのことはいつも優しく見守っているのですよ・・

・・というようなこととともに・・

・・私のような穏やかな顔になるように・・邪念を払いなさい・・無私の境地になるのですよ・・煩悩を捨てるのですよ・・・

・・というようなことを言っておられるということではないか・・と私なりに思うところとなっています。・・

・・煩悩、・・すなわち、・・欲望、邪心、私心、未練・・などは払いなさい・・・と。

・・そうすればお導きがある・・

・・平穏な自分にたどり着ける・・・

・・というような教えを授けておられている・・・

・・ということではないかと思われます・・・

赤ちゃんは、皆、無邪気で、純心で、かわいい顔をしています。

まだ「個性」も「自我」も「煩悩」も何もない「純」な心をもっていると考えられます。

これが仏様やお釈迦様に通じる「お顔」ということではないでしょうか。・・・

赤ちゃんの顔をみていると、周りの皆が幸せな気分になります。

これは、人間としてもっている「ありがたい」、「ありがとう」、「嬉しい」・・と思う心持ちにつながっているのかも知れません。・・・

その純心な心が、・・成長するにつれ、脳の機能が発達して、神経細胞間のネットワークが複雑・多様化するにつれて、高度な思考が行えるようになっていく・・・
その高度な思考が行えるにしたがって、「個性」や「自我」、「欲望」、「煩悩」などが生まれ、「邪心」が生じてくる・・ということではないかと思われます。・・・

・・これらは、成長の結果、形づくられるもの・・・

その「個性」、「自我」などが芽生えるようになる幼少期、幼児期の教育、周りの環境というものがいかに大切なものか・・とつくづく思います。
「邪気」の無い、「邪心」をもたない人間になれるように願い、育てることが親や大人にとって大切なことではないかと思います。・・・
また、それがいかに難しいかということだと思います。・・・

・・・・・

人間として成長することが、脳の働きが高度化することが、人間にとって、はたしてよいことなのか、そうでないのか・・・

成長するにつれて人間の身についてくるものには、よいこと、よくないことの両面があるのではないかと思われます。・・・

人間としての「成長」、「脳の機能の発達」をよい方向にもっていくためには、・・「穏やかな心」、「清らかな心」というものを追い求め、生きる・・ということが大切となってくるということではないでしょうか・・・

「邪気」を払う、「邪心」を捨てるということが、人間として望まれる在りように近づく・・ということではないでしょうか。・・・

人間として生きていくためには、周りへの「思いやりの心」、「慈愛の心」、周りとの「調和をはかる心」・・が大切なのではないか・・・

それが、「穏やかなるもの」、「清らかなるもの」につながっていくのではないか・・・

・・と思われます。・・・

・・・・

最近は、大いに自己主張をする人が増えてきていると思われます。
「自分目線」で、自分の都合だけでものを言う、行動する。
相手のことを慮る、思いやる、ということもなく、自己都合のもとに、大きな声で主張する・・
相手を打ち負かそうとする・・
自分さえよければよい・・
自分の周りだけよければよい・・
また、人をだましたり、傷つけたり、短絡的に殺害したり・・ということも最近は増えてきていると思います。

詐欺事件や殺人事件などが毎日のように報道される世の中になってきています。
私ぐらいの年代あるいはその前の年代の皆さんが、まだ小さかった一九六〇年代ごろには、このようなことはそうはなかった・・と記憶しています。・・
心のかよわない索漠とした世の中、憂うべき世の中・・になってきているのではないかと思われます。
そのころに比べれば、いろいろな物が豊かになり、また、はるかに便利で機能的な世の中になってきていると思いますが、それが逆の悪い方向に作用してきているのか・・・
世の中のいろいろなものが豊かで便利になることと、このようなこととは、・・・反比例していくのか・・・

・・・おかしな世の中になってきているという気がします・・・

・・・・・

人類の祖先であるホモサピエンス（ネアンタール人）はおよそ十万年前ごろに出現したと考えられていますが、・・それ以来、これまで延々と受け継いできている、人間としての体を、脳を、知恵を、そのようなことに働かせてよいのでしょうか・・・

・・そうではなく、相手に対する思いやりの心、感謝の心、慈愛の心をもつ・・ということが大切なのではないでしょうか・・・

そのような心をもって周りの人と接するようにすれば、・・世の中は、人間の世界は、もっと明るい心豊かな平和なものとなるのではないかと考えられます。・・・

・・・「自分目線」でものを考えるのではなく、「相手目線」で考える・・・

これは「おもてなしの心」とも通じるものがあると思います。

「ボランティアの心」とも通じるものがあると思います。

・・相手に喜んでもらえるだけで・・
・・ありがとうと思ってもらえるだけで・・
・・また・・
・・再び会いたい、来たい、来てもらいたい・・
・・と思ってもらえるだけで・・

・・こちらこそありがとう・・という・・お互いの感謝の気持ちでつながる・・・
・・お互いの心と心のつながり・・・
・・ということになっていくのではないでしょうか・・・

・・・・

「自分目線で考える」・・というのは、本能的な思考過程ではないかと考えられます。

「相手目線で考える」・・というのは、本能的な思考過程の上をいく、・・「人間ゆえにできる」思考過程、・・まさに「人間たる証」ではないか・・と思います。

これは、人間として、人類として発達してきたところの、「大脳皮質」でものを考えるということです。・・

動物にはそのような思考能力はありません。

それは、動物の脳のなかに、そのような思考を行う領域がほとんどないということによります。

すべて「自分目線」でものを見ています。

本能的、直観的にしか行動しません。

動物は、「おもてなしの心」も、「ボランティアの心」も持ち合わせてはいないのです。・・
・・・なかにはそうではないと考えられるような動物もいるとは思われますが・・・
人間として生まれ、人間としての脳が備わった以上は、・・人間としての知恵を、よい方向に働かせてこその「人間」と言えるのではないでしょうか。

せっかく備わった大脳皮質を、よい方向に使うようにすれば・・・
・・と思います。・・
「おもてなしの心」、「ボランティアの心」は、まさに、人間の、人類の向かうべき方向を
示しているのではないかと思われます。・・・

・・・「相手目線」でものを考える・・・

・・苦しんでいる人、困っている人を助けたい、そのお役に立ちたい・・と考えてこその
人間ではないでしょうか。・・・
日本人は、「おもてなしの心」や「ボランティアの心」が、他の国の人々に比べて、より
強いと言われています。
これは本当にすばらしいことであり、誇ってよいことであると思います。
他の国の人々に対しても、模範となるところであると思います。

・・そのような「心」をもって人間皆が生きていければ・・・と思うばかりです。・・・

・・・・・

・・・・・

人間の意識、心、個性ということでは、同じような教育を受け、同じような環境のなかで育てば、同じような考え方をする人間ができていく・・ということになると考えられます。

私は実際に体験したわけではありませんが、先の第二次世界大戦前の日本の状況などはそのよい例ではなかったかと思われます。・・・

そのころの日本は、・・「お国のために」・・、「挙国一致」・・、という考えのもとに、戦時体制一色となり、教育やマスコミなどは政府の統制を受け、国民全体が同じ考え方に強制的に方向づけられました。

「欲しがりません勝つまでは」とか、「鬼畜米兵」などという考えを頭のなかに叩き込まれ、敵国を悪者視して、日本を勝利に導くためのあらゆる手段を講じました。

日本国民は、そのような「洗脳」を受けつつ、・・戦争に勝つということだけのために、全てを犠牲にして、・・日本国全体が、勝つ見込みのない戦争に巻き込まれていきました・・・

・・その結果・・

・・不幸にして、・・おびただしい数の犠牲者を伴って敗戦となったのです・・・

その時は、おそらく日本国民のほとんど皆が同じような考えにさせられ、それが正しいと思い込まされたものと考えられます。

一時的にしろ、没個性という雰囲気のなか、性格的にも同じような人間にならされた・・ということではなかったかと思います。

それこそ、皆、「ロボット化」させられたということかと思われます。・・

・・戦後は、・・平和の理念のもとに、そのような戦時体制は一掃されて、自由な考えがもてるようになりました。

今は自由な考えや発想ができ、その気になれば、自由な、思いどおりの人生を歩むことができる世の中になってきていると思われます。

また、これを生かすも殺すも本人次第という世の中かと思われます。・・

・・・・

・・・・

人間には喜怒哀楽の感情が表情として表れます。

人間の顔には表情があって、・・嬉しいのか、悲しいのか、怒っているのか、悩んでいるのか、何かを考えているのか・・などが概ね分かります。

また、その顔かたちや表情でその人としての区別ができます。


動物にはそのような表情はありません。

動物は、怒る、歯をむき出しにして威嚇する、吠える・・などという行為や、その表現となる顔の表情は作りますが、それだけです。

動物は、喜んだり、悲しんだり、泣いたり、笑ったりするということはありません。

動物でも、魚などは、怒るというような表情をすることすらありません。

口を大きく開けるということはあるかも知れませんが・・・

強い敵が来ればただ逃げまどうだけです。

喜びや悲しみの表情もありません。

そのような表情がないため、魚などは、同種の他の魚との区別ができないというようなことになっているものと思われます。

同じ種類の魚なら、どの魚をみても皆同じで、区別は、まずできません。

皆同じに見えるのです。・・

一方では・・、人間には同じ顔をした人はまず居ません。

世界には自分とそっくりな人が三人いると言われることがあります。

それでも、その人たちが、皆全く同じに見えるということはまずないと思われます。

それは、・・眉毛や目、鼻、口、耳など、それぞれの大きさや形、長さ、太さ、色調など

の違い・・・
また、・・顔の形や大きさ、顔色の濃い薄い、しわなどの入り具合、程度・・などの違い・・・
・・など・・それぞれが微妙に違うことから・・
それらを組み合わせた顔全体として総合すれば、さらに大きな違いとなって表れてくる・・ということによると考えられています。

さらに、それぞれの人が作る顔の表情そのものにも差がある・・といったことも影響していると考えられます。


これが、人間と動物との大きな違いと言えると思われます。

すなわち、・・人間の脳が、大脳皮質が、大きく発達したことが、このような顔の表情にも影響してきているものと考えられます。・・・
・・・・

また、人間の体には、いろいろな意味で、ある限界があると考えられます。・・

たとえば、野球のことを考えた場合、人間の肩や肘などは、ボールを強く投げるのに適した筋肉や靭帯などにはそもそもなっていないのではないか・・と思われます。

むしろ、人間の体はもともと華奢にできていて、これに無理な力を加え続ければ、痛めてしまうのがあたりまえ・・と言えるのではないかと思われます。

・・人間の体は、速いボールを投げるようには作られていないのではないか・・・

プロ野球の投手などで、肩や肘などを痛め、手術をするというようなことがよく見受けられます。

これは、むしろ当然そうなるということではないか・・・

肩や肘などの筋肉を鍛えることで、筋力などのある程度の向上は期待できると考えられますが、それも限度があって、・・そもそも、人間の体は、速いボールを投げることに伴って筋肉などに働く衝撃的で大きな力には耐えられる構造となっていないのではないかと思われます。

そのような強い筋肉や靭帯の構造となるには、人間の体としてのそれなりの進化を遂げていないといけないのではないか・・と思われます。・・

動物で言えば、たとえばチーターなどは、獲物を捕らえるために、ものすごいスピードで駆けることができます。

これなどは、生き延びるために必要な能力となっているものであり、種としての長い歴史を経て進化した結果、そのような手足の筋肉ができてきた・・ということではないかと考えられます。


人間は、皆、投手などとして生きてきているわけではなく、また、人類として、肩や肘の筋肉などが進化、発達する環境にいたわけではなかった・・ということではないでしょうか。
人間皆が狩猟などを生活の糧として、これをやらないと、・・肩や肘の筋肉などが進化しないと生き延びられないということで延々と生きてきている・・ということなら別でしょうが・・・
頭を使うことがより多くなって、脳の大きさなどは他の動物と比べて大きくなってきている・・という進化は遂げてきていると考えられますが・・・
野球の投手は、人間本来の体の構造に対して、大きな無理をしながら速いボールを投げているることになっているものと思われ、必然的に、いずれは肩や肘を痛めることになるということではないかと思われます。・・・
このようなことは、野球だけではなくすべてのスポーツについても言えることだと思われます。
すべてのスポーツは、大なり小なり、いずれかの筋肉や靭帯等に無理な力を加えているということになっていると考えられます。

スポーツを行う人は、その限界に挑戦しつつ、それらを日々鍛えながら使っている・・というこことかと思います。

チーターなどは、すべてのチーターが、動物として生きるか死ぬかという局面に毎日立たされているわけで、種としてのチーターとして、筋肉が鍛えられざるを得なかった、進化せざるを得なかった・・ということではないかと考えられます。

キリンの首が長いのも、キリンとして高い木の上のところにある木の実などを食べる必要性があったから、次第に首が伸びていったと考えられており、キリンという種全体として、それが次第に発達していったものと考えられています。

人間の脳が発達したのは、二足で立って歩行しはじめたことがきっかけとなって、食べ物を得るためなどに手を使ったり、脳を使っていろいろ考える必要性が生じてきた・・ということから始まっていると考えられています。

その後も、モリや矢などのいろいろな道具を作って狩猟に出かけ、得た獲物を火を使って調理して食べたりするなど、さらに脳を多く使う生活をするようになって、次第に脳が大きく発達、進化していったと考えられています。

人間が、もし、速く走る必要性がある環境にずっと置かれていたならば、四つ足のままで、チーターのように、手足の筋肉がより発達していったのかも知れません。

人間には、人類全体として、手足などの筋肉の発達がそれほど必要ではなかったために、今のような、通常の動きが行える程度の筋肉構造となっていったと考えられます。


科学文明が発達し、便利で機能的な世の中になって、体を動かすことがますます少なくなってきている今日を考えると、・・人間の体は、脳がさらに発達することは可能性としては考えられますが、体がこれ以上発達・進化するということは考えにくいのではないか・・と思われます。

むしろ、人間は、生活を行っていくなかで、体を動かすことがさらに少なくなって、体の構造としては、これからは逆に退化していくのではないかと思われます。

・・とは言え、・・・人間の体は実に不可思議なもの、また、精密なもの、よくできているものであると思います。・・・

空気を吸って酸素を吸収し、これを生命活動に結びつけている・・とか、
食べ物を消化・吸収して、生きていくエネルギーに変える・・とか・・・
このような体の働きは、特に意識することなく、自然に、普通に、確実に行われます。
また、何気なく歩いているときでも・・・
次は右足を出して、次は左足を出して、・・右手を振って、左手を振って、・・・
歩幅はこのくらいで、歩く速さはこのくらいで・・・
・・などといちいち考えながら歩いている人は、まずいないと思われます。
自然と手足が動いてくれます。
自然に、ほぼ無意識のうちに、思うとおりに歩いているということです。
歩く方向も、思った方向に向かうように、瞬時に調整されます。

周囲の環境や状況をまじまじとよく見て分析しなくても、自然とそれに合わせた気持ちなり行動がとれています。・・・

歩いているときに、人が多くて詰まった状態になってくれば、・・歩く速さをそれに合わせて遅くします。

これを、自分にそれなりに特別意識して命令しなくても、いつの間にか遅く歩いている。

人が空いてくればいつもの自分のペースで歩いている・・・など。

何も深く考えなくても自然に歩いているというのが通常だと思われます。

首を動かそうとしたときには、向こうとしたその方向に正確に向くことができます。

思った瞬間に体がすぐに反応し行動できます。

体の病気などを患っている方などはそうはいかないと思いますが、通常は、自分の体が、細かな微妙な動きも含めて、自由に、三次元的に、思うがままに動かせるということです。

これは実に不可思議なこと、驚異的なこと・・と思います。

・・人間の体は実にすばらしいものだと感動すら覚えます。・・

自分の思うように、思った瞬間に、指、手、足、首などが自由に動かせるというのはすごいことだとあらためて思います。・・

ある程度は意識するとしても、ほぼ無意識のうちに自動的に体が動きます。

・・これらは全て脳の神経細胞間のネットワークとしての働き、すなわち、神経回路の働き・活動によるものと考えられています。・・

神経細胞間のネットワークを通じて、体の各部位に瞬時に情報を伝達し、それにより各所の筋肉が、思ったとおりに、三次元的に正確・精密に調整されて動くということです。

脳で考えたことを体の隅々にまで瞬時に情報として伝えた結果、体が、測ったように正確・精密に動くということです。

文字を書くのも、・・思った文字を、思ったところに、思った強さで、思ったようにすらすらと書けます。

パソコンのキーボードで文字を打つのも、・・今思ったことを、すぐに正確に打つことができます。

何かをつかもうとしたときにも、・・即座に、腕や指の筋肉を適切に調節しながら、手をその位置まで正確に動かして、それを確実につかむことができます。

箸を使ってものを食べるときでも、・・とりたいと思った食べ物のところに、正確に箸を移動させ、適度な力加減でつかみとり、口のなかに正確に運ぶことができます。

このときに、誤って口の外側に食べ物を運んでしまう・・などというようなことは普通にはまずありません。

ちゃんと口のなかに入るように、諸々の筋肉を三次元的に適切に加減しながら、しかも瞬時に動かして処理しているのです。

これも、そのことに特に意識を集中させているわけでもなく、自然体としての動きで、スムーズに行われます。

言葉を喋るにしても、・・普通には・・頭のなかで喋ろうと思ったことが、そのままスらすらと口から発せられます。
その思った言葉がちゃんと発せられるように、のどにある声帯や口のなかにある舌、さらには口や唇などに係る筋肉を即座に適切に調整し対応しています。
また、その言葉に合わせた身振り、手振り、目の動き、顔の表情なども即座に調整しながら、発する言葉を補助する体の動きとして周りに示すことができます。・・・
あらゆる行動、行為が、本人の意思どおりに、また、それも、特に深く考えることもなく、自然体で、スムーズに、正確・精密になされます。
人間の体は、・・脳の思いを、脳の働きを、・・忠実に実行し、動かすことができる「超超」精密な機械である・・ということができるのではないでしょうか。・・・
このようなことが、脳の神経回路の働きの結果であると思うと・・・
人間の脳の神経細胞間のネットワークとしての働き、活動の俊敏性、自在性、精密性には、まさに舌を巻く、驚嘆するものがある・・ということができるのではないかと思います。

神経回路と筋肉との精緻な連携プレーには、すばらしいものがあると思います。

我々人間は、脳のこのような精緻な神経回路の働きがあっての人間ということであり、個人であるということです。

なかでも高度な思考や判断を行うところが脳の外側を占めている大脳皮質であると考えられています。

・・大脳皮質が、個人、個性の中枢部を形成している・・・ということです。・・・

生命活動を行うための体の機能としても素晴らしいものがあると思います。・・
暑くなれば、汗をかいて体温を下げようとします。
体のなかにウイルスなどの病原菌や細菌などが入ってくれば、体のなかでは、血液のなかの白血球が、それと必死になって戦って退治しようとします。

手足などにすり傷を負って血が滲めば、血液中の血小板がその出血を防ぐように速やかに働いて、きず口を治してくれます。

皮膚の細胞もほどなく新しく再生されます。

運動などをしているときも、筋肉を激しく動かせば、より多くの酸素を取り入れ、供給するようにと、呼吸の回数や心拍数などがより高まるようになります。

心身が疲れたと思ったら、自然と体を休めるようにもっていきます。

夜には、眠りを深くして体を大いに休めるようにもっていったりします。・・・

・・など、など、・・

・・・溜息が出るくらい人間の体はすばらしいものだと思います。・・・

・・・・・

・・人間の体は実によくできているということをあらためて感じますが、・・・
・・これらは全て、脳の神経回路としての、・・「実体」としては残らない・・「虚」な働きによるもの・・ということです。・・・

・・「虚」なものが人間であり、個人である・・・

・・「虚」なものが人間社会をかたちづくっている・・・

・・・・・

・・・・・

・・・・・

5　人間の欲望

人間の欲望には二種類があると考えられます。

これは、本能的なもの（本書ではこれを「一次的欲望」ということにします）と、その上をいくと考えられる理性的なもの、思考的なもの（本書では同様にこれを「二次的欲望」ということにします）とがあると考えられます。

これらを司っているのが脳の神経細胞間のネットワーク的な働きであると考えられます。この神経回路の働きは、個々人が、生まれ、生きていく間に、その個人のなかで育まれながら、また、物心がつき始めるころからは、・・特に二次的欲望が、それぞれの個人のなかで、さらに発展し、体系化されていくものと考えられます。

「一次的欲望」は、人間が生来持っていると考えられる「三大欲」である、「食欲」、「性欲（排泄欲）」、「睡眠欲」のたぐいと考えられ、これは、人間として、また動物として、生存していくための本能的、生理的な欲望と言えます。

これはあらゆる動物が持っている欲望と考えられます。

これは、生き物として生まれたことで備わっている、「やむを得ない欲望」と言えるでしょう。

これがないと生きていけないのであり、死ぬしかないわけですから・・・。

この「一次的欲望」によって、人間や動物は、自分以外のものとの生存競争に勝ち抜いていかねばならないということであり、弱肉強食の世界に放たれた以上、死ぬまでついてまわる欲望であると言えます。

この生きるか死ぬかの緊張の度合いについては、脳を、知恵を、うまく働かせるかそうでないかによって、人間と動物では大きく違ってくると考えられますが、人間も動物もその

ような環境に置かれているという点では同じであると考えられます。・・・

・・・問題は「二次的欲望」である・・・

これは、人間故に、すなわち脳の外側を占めている大脳皮質が大きく発達したが故に、「人間に備わってしまった」欲望であると考えられます。

これについては、欲望の芽生えと拡大が先か、大脳皮質の発達が先かはよく分かりませんが、・・・互いの相乗効果も働くことなどで、どちらも次第に大きくなっていったのではないかと考えられます。・・・

・・・・・

・・出世したい、社会的に偉くなりたい、お金持ちになりたい、立派な人と言われるような人になりたい、優雅に暮らしたい、幸せな人生を歩みたい・・・

・・また、・・遊びたい、旅行したい、温泉に浸かりたい、おいしいものをたくさん食べたい、思いっきり羽を伸ばしたい・・・・などと思うのは、その人個人の「二次的欲望」を満たしたいということの表れであると考えられます。

そのような行動の過程や結果が、記憶として、また記録として、脳の細胞に刻まれることになると考えられます。

あるいは、社会的な地位や名声、財産、土地・家屋などとして、形となって残されることになります。

この後者については、個人そのものということではなく、その個人に「付随」したものとなるものであり、また、そのようなものを残したいという思いが「二次的欲望」の多くのところを占めているのかも知れません。・・・

いずれにしても、「二次的欲望」としては、それを成し遂げたことが、その人の脳のなかに記憶、記録として刻まれるとともに、「満足感」、「充足感」となって本人に自覚される・・ということが、結果として得られるものではないかと考えられます。・・・

脳の神経細胞間における神経伝達物質のネットワーク的な受け渡し・・・がこれを担っていると考えられており、その働きの結果として、脳のなかで、意識、認識されることになると考えられます。

その神経伝達物質のネットワークとしての受け渡しは、極めて短時間の瞬間瞬間の動的なものであり、その働きが済めば、脳の細胞はもとの状態に戻ると考えられます。

すなわち、その働きそのものは、脳の細胞を実体として変えたわけではなく、形としての変化もないということです。・・

・・脳の神経回路のネットワークとしての働きは、・・

・・実体のない「虚」なもの・・

・・働きが終われば、形としては残らない、見えない。・・

・・形としては何も残らない「虚」なもの・・・

人間は、このような「虚」な「満足感」、「充足感」のために、そのもととなっている「虚」な欲望を満たそうと行動しているということが言えるのではないでしょうか。・・・

・・人間の「欲望」は「虚」なものでかたちづくられている・・・

・・人間は「虚」な欲望にもとづいて動いている・・・

・・・・・

ある有名な観光地へ旅行に行ったとします。・・・

そこでは、素晴らしい景色や自然、文化財・遺産などを間近にして、感動、感激したり、・・また、旅館などでおいしい料理を味わい、温泉に浸かって大いに癒されるなど、・・至福なひとときを過ごすことになると考えられます。

その光景や料理などは、その人の脳裏に焼き付けられ、脳の中に記憶として残されることになると考えられます。

しかし、その旅行は、・・結果としては、その人の脳の中に記憶、記録として残されたに過ぎないもの、・・「思い出」に過ぎないもの・・ということになるのではないでしょうか。・・・

旅行するには、・・たとえば、・・電車で行ったり、車で行ったりしますが、電車に乗った、車に乗ったとしても、その形跡は、「形」としては何も残りません。

その行為そのものの「実体」は、何も残りません。

おいしいものをたくさん食べたとしても、・・その後は、・・結果としては、「実体」は何も残らない。・・・

ただ、「食べたい」という「欲望」が満たされただけのこと。

記憶として、「おいしいものを食べた」ということが脳に記録されただけのこと。・・

・・「形」として残っているのは、・・行く先々で撮った写真であったり、観光地のパンフレットであったり、乗った列車の切符などであったり、記念として買ったお土産であったり・・・

・・いわゆる「証拠品」としての物品は、断片的には残されると思われますが・・・

・・時間の経過にともなう諸事は、・・結局は形としては残らない・・・

・・何も残らない・・・

・・「記憶」として、脳の神経細胞のなかに記録されるだけのこと・・

時間の経過とともに、・・形のあるものが、「実体」として造られ、残されていく・・・ということであれば別ですが・・・

・・たとえば、建築物や、道路、橋などの各種の建造物などがそうですが・・・

時間の経過とともに消えていくものは・・

・・すべては「実体」のない「虚」なもの。

・・時間とともに過ぎ去るもの・・・
・・動いているものは、・・・
・・時間とともに消えていく。
「今」を過ぎれば、それ以前の過去は、・・「虚」なもの・・、脳の中に記憶として残されるだけのもの。

・・詰まるところは、・・「思い出」・・となるにすぎないもの・・・

・・その思い出も、時間とともに薄れていったり、忘れ去られてしまう・・・
その人が亡くなれば、・・それこそ、その思い出も記憶も、消えてなくなってしまうのである。

・・・「虚」なものなのである・・・
我々人間は、そのような「虚」なものの中で、「虚」な世界の中で生きている・・・

その旅行を振り返って、・・「ああ、自分はそこへ行ったんだ」という「実感」と「思い」が、・・「満足感」、「充足感」となって、その人の心のなかの一ページとして残される。・・・

「旅行に行きたい」という「欲望」が満たされた・・という「思い」が脳の中に残されたということ・・・・

・・・・

「二次的欲望」は、・・それを満たした結果は、・・「本人個人にとっては」・・結局は脳のなかに記憶として記録されるだけものであり、また、これは、実体のない「虚」なものであるということになると考えられます。

その記憶を呼び起こしたり、周りの人たちに話したり、知ってもらうことで、記憶として脳の細胞、神経回路に残されていることがらが、・・自慢話となったり、共感を得ることとなったり、満足感、充足感となって、・・結果としてその人の心に安らぎを与えるものとなると考えられます。

その人がどういう経験をしたか、何をしたかは、それを周りの人などに話さない限りは、周りの人には何も分からないわけですから・・・

・・・・

しかし、旅行などでどこかへ行ってその景色に感動したり、おいしい料理を食べて満足したり、絵画を見て、音楽を聴いて感動したり、・・など・・その人個人の一つの行為として行ったことは、・・個人として、いったい何が変わることになるのだろうか。・・・
脳の神経細胞間の新たなネットワークが付け加えられるということなのか・・・
神経細胞に記憶されるものが新たに増えるというだけのことなのか・・・
記憶を取り出す神経回路がより複雑化、多様化するということなのか・・・
・・それが、個人の脳にとって、個人にとって、どのような意味があるのか、どのように

変わることを意味するのか・・・

・・など、・・考えてみると、よく分からないところがあります。・・・

・・その個人にとって、いったい何が変わることになるのだろうか・・・

ただ、行った、見た、よかった・・といったようなことがらが、記憶として脳の神経細胞のなかに残されるだけ・・ということなのか・・・

・・・脳そのものが変わるわけでもないでしょうし・・・

・・旅行に行ったという事実が、思い出が、その人のその後の仕事への励みとなったり、人生の歩みに何らかの影響を与えることになる・・・

・・その人の、その後の人生を歩んでいくうえでの、目に見えない、内に秘めた潜在力、活力となって、その個人の生命力に寄与する・・・

・・知識や知見が増えて、・・人生経験が豊かになって、・・さらなる人間形成につなが

る・・・
・・思考が深いものとなり、発言の内容も厚みが増す・・・
・・発言力に力強さが増す、説得力が増す・・・

・・・ということなのか・・・

その人の魅力がより増してくるということなのか。
人間に深みが増すということなのか。
自信が増すということなのか。
目に輝きが増すということなのか。・・・

その人個人の、人体としての、物質としての、・・細胞などの組織は・・、それそのものの中身や構成は変わってはいない・・・

・・・個人の何が変わり、変わっていくのか・・・

・・・・・

「一次的欲望」は、その実現の結果、人間として、個人として、・・生きている、・・体が動き、まさに、「生きている」・・というかたちで結果が伴っています・・・・「実存」としての姿で具現化されているということになると考えられます。

一方では、・・「二次的欲望」は、・・結果的には、個人の記憶、記録として脳の神経細胞に「虚」なものとして残される・・ということになるに過ぎない。

これは、形になって外に現れるものではなく、外からはその「実体」は何も分からない。

本人も、それを話したり、写真などの記録や形として残されているものを見せたりすることで、周囲に分かってもらうことができるということであり、それによって本人がそれを再認識することにもなるということと考えられます。

二次的欲望の結果としての記憶は、・・その個人が死ねば、・・脳の活動がなくなれば、すべてなくなるものであり、いずれは無に帰す「虚」なもの・・・
土地・家屋や財産、名誉などは「個人の外」において残されるかも知れませんが・・・
人間は、このような「虚」な、実体のない「二次的欲望」を満たすために、満足感を得るために、行動している・・ということになるのではないでしょうか・・・
その行動は、ある時には、他人にとって喜ばれること、幸せとなること・・となることもあるでしょうが、・・逆に、望まれないものとなったり、時には他人を犠牲にしたり、傷つけたりすることになる場合もあると考えられます。
・・いや、むしろそのほうが多いのかも知れません。
・・・そのような世の中になってきているのかも知れません・・・

「個人としての」「二次的欲望」は、・・全てが、人間・人類のためになるものなのかどうか・・

そのために、またそれが要因となって、他の人とのいさかいや軋轢、争いなどが生じる・・ということになっていることも多いのではないか・・と思われます。・・・

・・これは一次的欲望も二次的欲望も同じではある・・とは思われますが・・・

欲望は個人に帰するものであり、またその個人が死ねばなくなるもの・・・

その人が死ねば、・・その人にとっては、結局は全く意味のなかったものになってしまう。・・

その人が死ねば、その人の全てが終わるということであり、結局は何も残らない・・・

周りに迷惑を与えるだけ与えたというだけのことになる可能性もあるのである。

「一次的欲望」は、生きていく上で、これをなくすことはできないと考えられますが、「二次的欲望」は、・・これが過大とならないように抑制する、自制するということが、人間・人類にとって大切であるということではないでしょうか・・・

欲望を生き甲斐にする、これに突き進むということが、はたして人間・人類全体にとって望まれることなのかどうなのか、また、個人にとっても本当に望むべきことなのかどうなのか、・・・よく考えてみる必要があるのではないかと思われます。・・・

・・・・

人間の持っている欲望は、「虚」なものであり、人間にとって、人類にとっては、・・多くの場合に、・・ある意味ではやっかいなもの、足を引っ張るものとなり得るものである・・ということが言えるのではないかと思われます・・・

・・・・

6　人間の存在

人間は・・この世に生まれた後は・・いずれは必ず死ななければならない。・・・

これは、英語でいえば、“must”ということ。

・・“We must die some day.”ということである。・・

人間は、生を受けたその後は、・・何らかのかたちで生きていくとしても・・いつかは必ず死ぬ運命にあります。

これは、誰にも避けられないことであり、また、誰もが辿らないといけない道です。

・・どうにも抗いようがないこと・・

・・人間皆が、常に覚悟していないといけない定め・・・

自分だけは特別で、自分だけは死なない・・・というわけにはいきません。

・・たとえ長生きしたとしても、・・あるいは、不幸にも、短く生きることとなったとしても・・死ぬのが早いか遅いかの違い・・・

・・それだけの違い・・

不幸にも早く亡くなれば、周りからは悲しまれ、惜しまれることとなると思われますが、早く死のうが、遅く死のうが、・・死ねば、そこでその人の人生は終わる。

その人個人そのものは、その時点ですべての動きが止まってしまうということである。

・・個人としては無に帰すということである。・・

家屋や財産、名誉、・・また、伴侶、子どもたちなどは残されているかも知れませんが、本人は、その後は火葬されて、骨だけが残ることになります。
経験された方ならば分かると思いますが、その骨も、頭蓋骨などは、親族などの手によって無残にも押し砕かれて骨壺に無理やり押し込められるのです。
そうなれば、・・人間としての、個人としての尊厳も何もなくなった、・・火葬後のただの骨の集合体・・と化してしまうのである。・・
そこには、魂が宿っているわけでもない、ただの骨の集合体が残るのみである。・・冷たい言い方と思われるかも知れませんが、それが現実なのです。

・・これはどうしようもないこと・・

偉い人で終えようが、立派な人で終えようが、大金持ちで終えようが、あるいはそうでない人で終えようが、・・遺体となれば何の差もありません。

心臓が動かなくなり、呼吸が止まり、脳が機能しなくなれば、その時点で、その個人のす

べては終わる・・・
・・自分という意識も何もなくなる・・
あの人は、◯◯をしていた人で、△□年～◯▽年の間生きていた・・というだけのこと。
・・ただそれだけのこと・・
残された周りの人の思い出として残るのみ・・・
あの人はこうやって生きていた、こうだった・・ということが、・・その個人としてのすべてを表している。
それも、本人が天国にまでもっていけるということでもない。
・・そもそも天国などは存在しないのであるから・・・
人間が天国が在ると勝手に考えたのである。

悪いことをすれば地獄に落ちる。
地獄に落ちたくないのであれば・・よいことをしなさい。
そうすれば天国にいける・・・
・・ということで、架空のものを皆の頭のなかにかたちづくったということ・・・
そのような天国があるということにすれば、よいことをしている人間は安心して死ねる・・と考えたのだと思われます。・・
仏様に身をまかせていれば、・・信心深くしていれば、・・すべからく、皆、天国に導いていただける・・ということだと思います。・・

しかし、現実にはそのようなものは存在しない。
誰も見たことがない。
死んでも見れない。・・
見たり、考えたりする脳そのものがなくなるわけですから。・・
そのような、存在しないものをあてにしてもしょうがないのである。

もし、天国が空の上などに本当にあったとしたら、・・天国は、数知れないほどの多くの亡くなった人たちであふれ、足の踏み場もなくなっていることでしょう。
そのようなところは、空をいくら見渡してもどこにもありません。・・
それこそ、そのようなものは、・・・「有り得ない」ということです。・・・

・・・・・

・・・・・

死んでしまえば、その人にとっては、それまでのことは全て無に帰し、その後のことは、その人には何も分からなくなるのである。
考える機能を持った脳が、意識を司る源となっている脳が、燃えてなくなるのですから。・・
歴史に自分の名が刻まれていようが、いまいが、亡くなった本人には何も分からない。
意識のしようもない、分かりようがないのである。

歴史に名を残すようなすばらしい業績を残した人は、亡くなる前は、それとなく、「私は歴史に名を刻むことになるのだろうな・・」というようなことを、薄々は思うかも知れませんが・・・

亡くなれば、その体はただの細胞の塊、物体・物質となってしまうのである。なんてことを言うのだ・・と思われるかも知れませんが、亡くなれば、意思もない、何も感じることがない、身動きもしない、・・ただの肉の塊と化してしまうのである。・・・脳の神経細胞の活動が停止した時点で、・・その人間は、個人は、生命活動も行動も何もできない、ただの物質の集合体となってしまう・・ということである。・・・

・・・それが人間の実態・・・

何百年、何千年、何万年もの間・・、その間に、この世に生を受けて何十年間か、あるいはそれ以上生きてきた人たち皆が、・・順番に・・、生きては死に、また別の人間が生まれ、・・

これを繰り返しながら人類の歴史は作られてきている。・・動物など他のあらゆる生物などと同じように、・・この世に生を受けた各個体の、一生としての生命活動を、・・順番に、延々と、繰り返し繰り返し、行ってきているということである。・・・

・・・・

人間は、普通に考えれば、皆、生きることに未練を持っていると思われます。生きたい、死にたくない・・と、ほとんどの人が思っていると思われます。いろんなことをしたい、やってみたい、経験したい・・あれもやりたい、これもやりたい・・・

・・・・

しかし、・・長いか短いかの違いはあるけれども、・・結局は、いつかは死なないといけない。

天国に行くことも、地獄に行くこともない。

財産を残そうが、立派なことをしようが、名誉なことをしようが、あるいはそうでなかろうが、・・死ねばその人はそこで終わりなのである。

本人は、その後のことは何も分からずにこの世からいなくなる。

全ては無に帰するのである。

あとは荼毘に付せられて骨と灰が残るだけ・・・

・・それが現実・・・

・・・・・

そもそも、人間は、もともとの構成要素は、細胞の集合体である物体・物質なのである。

その物体が、脳の働きのもと、酸素や養分などを体内に取り込んで、血液の流れによって体の種々の細胞や神経細胞を活性化させ、・・その結果、人間として、個人として、生き

ている、行動している・・ということです。・・・
その、酸素や養分の摂取がなされなくなった時点で、
脳の働きが停止した時点で、
人間として・・
個人として・・
物体として・・・
・・・終わりを遂げるということです。・・・

・・・・・

・・人間は・・・
・・いつかは・・
「個人」を解かれた「物体」、「物質」に戻り・・・・やがて無となる・・・

7　人間は地球上に住まわせてもらっている

地球は、・・・宇宙の銀河系のなかの太陽系の一員としての公転や自転・・・地球内部のマントルや地球表面の地殻、海水、大気などの動き・・・・・などの自らの営みを、地球誕生以来延々と行ってきています。・・・また、それに伴って、我々人間にとって望まざるものとなる、さまざまな自然事象が地球上で生じています。・・・

豪雨による土砂崩れや河川の氾濫、強風、竜巻、雷、地震、津波、火山の噴火・・・などがその大きなものですが、・・・それらは、地球が長年にわたって営々と行ってきている営みの、そのある局面のなかで、我々の前にそのような事象として現れてきているもので

す。・・・

・・それを・・我々人間は、「災害」、「自然の脅威」、・・などという言葉で表現しています。・・・

「災害」とは、・・人間の生活や生命・財産を脅かす自然事象・・を言う言葉です。・・「人間目線」で、「人間の都合」で、地球の営みの一部の局面を「災害」と言っているのです。

しかし、・・自然、地球は、そんな人間の思いは知るよしもありません。・・自然、地球にとっては、そんなことを言われる筋合いは全くなく、自然、地球から言わせれば、「そんなことは知ったことではありません」、「おこがましい」・・ということになるのです。

私が地球であったとしても、まちがいなくそう言うと思います。

自然や地球は、自らの営みを、ただ粛々と行っているだけなのです。

自然、地球にとっては、・・「災害」・・それは・・それこそ、ごく「自然な」、「普通の」振る舞いなのです。・・

・・・自然、地球にとっては、「災害」は、災害ではないのです・・・

「災害」と思うのは人間だけであり、人間にとって、それが災いして死傷者が出たり、家が無くなったり、街が破壊されたりするからそう言っている・・ということです。

・・「人間からみた見方」・・ということなのです・・

・・地球に対して、・・・
・・災害のない「安住の地」であってもらいたい・・
・・いや、・・地球は安住の地であると思う。あってしかるべきだ・・

・・などと、人間が勝手に思い込み、また望んでいるだけのこと・・・

「災害」というのは、・・人間が、自然や地球に対して思っているところの、大きな思い違い、勘違い、自分勝手な思い込み・・ということなのです。・・

土砂は崩れ、河川は氾濫するのがあたりまえなのです。

自然、地球にとっては、それはむしろ「正常」な事象なのです。

土砂は崩れて、山地は安定するのです。

河川は、水みちとなっている川に収まらない量の水が流れるから溢れるのです。

地質学的な長い年月の間、土砂崩れや河川の氾濫を、・・何度も何度も繰り返して・・今の平野などがかたちづくられているのです。・・

それが自然なのです。

それが地球なのです。

・・・・・

河川の近くに住んでいる人々は、・・いつかは河川が氾濫して洪水が起きる・・と思ったほうがよいのです。

今にも崩れそうな裏山があるとすれば、・・いつかは豪雨で土砂崩れが起きる・・と思ったほうがよいのです。

災害に遭われて、大きな被害を被られたり、家族を失われたりされた方々には、・・このようなことを言うのは本当に申し訳ないことであり、気のどくなことであると思いますが、・・それが「自然」であり、「地球」なのです。・・

・・これは、人間にはどうしようもないこと・・

河川が氾濫しない、裏山が土砂崩れしない、・・ということのほうがむしろ「異常」なのです。

そのほうがむしろおかしいと思わないといけない。
人間が河川に堤防を築くのは、自然にとっては「異常」となってしまう「氾濫しない河川」を、自然に逆らって、無理やり造り出そうとしている・・ということなのです。
人間にとって、安全・安心な、平穏な日々が過ごせるところとしたい・・
安住の地となるところとしたい・・
・・ということで、そのような堤防などの人工構造物を築いているのです。
その堤防も、「想定外」の豪雨に見舞われれば、決壊してしまう可能性があるということです。

堤防などは、自然に対して「完璧な対応」となっているわけでは決してないのです。

自然は、人間の想像を超えるふるまいをすることも十分に有り得るのです。

・・自然事象は・・
・・「その全て」が・・、自然の、地球の、「正常」な営みの結果・・・

人間にとっての平穏な日々こそが、自然にとっては、むしろ「異常」とも言うべきものなのです。・・・

・・・・

人間は、・・およそ十万年前ごろに、類人猿から進化したホモサピエンスとして地球上に棲みつき、・・その後も進化を続け、・・今や、地球上の支配者として、また、それがあたりまえのように、・・地球の上で、人間としての日々の生活を営んでいます。

また、ほとんどの人は、地球上での自分の居場所を確保しています。

家の土地などを、自分のお金で買って、自分のもの、財産として持って生活しています。

自然は、地球は、土地は、・・すべて「人間のもの」、「個人のもの」・・というように勝手に決めている・・・

それがあたりまえと思っている・・・

・・・地球に断ることもなく・・・

本当のところは、・・この地球を支配しているのは、人間ではなく、「地球」なのです。・・・

地球は、人間のために存在しているわけではありません。

人間のものでもありません。

人間の友達でもありません。

地球は、人間が支配できるものではないのです。

人間は、・・地球上に、いつの間にか、・・「勝手に住まわせてもらっている」だけなのです・・・

・・・地球は地球、人間は人間・・・ということ・・・

「自然」や「地球」に対しての、人間本位の考えや思い違いは改めないといけない。

「人間目線」ではなく、「自然目線」で、「地球目線」で、自然事象をみる必要があります。

災害も天変地異も、「異常」ではないのです。

むしろ「正常」、「あたりまえ」なこと。

「人間目線」に立つから「異常」なのです。
・・これを勘違いしてはいけない・・
・・錯覚してはいけない・・

・・・・・

・・「自然」、「地球」の営みに比べれば、人間は限りなく無力です・・

地震のような強大なエネルギーを人間が作り出せるでしょうか？

津波のような海水の動きを人間が作り出せるでしょうか？

台風や、竜巻のような大気のかく乱を人間が作り出せるでしょうか?

人間は、自然や地球に対しては限りなく無力であり、また、対抗しようなどということもできないのです。
自然の動き、地球の動きに、ただただ、茫然とし、また、恐れ慄き、逃げまどい、避難するしかないのです。

それが自然、地球なのです。
それが人間なのです。

・・・災害に遭う、遭わないはすべては「運」次第・・・

人間にとっては、運がよかったか、悪かったか・・ということだけのこと。
・・「たまたま」なのです・・

たまたまそこに住んでいたから・・
たまたまそこに居たから・・
たまたまそこを通りかかったから・・
・・ということで「災害」に遭うということです。
「たまたま」が「運」ということ・・・
たまたま運がよくて、そのような「災害」に遭うこともなく、また遭ったとしても「被害」が少なかったとすれば・・その後も生き永らえて・・たまたま運よく天寿を全うする・・ということです。
運がよい人は、より長く生き永らえる・・
運がよければ災害には遭わないし、運が悪ければ災害に遭う・・
全ては「運」次第である。・・・
全ては「たまたま」の世界・・・

・・・・・
・・・・・

地球の表面を構成している「地殻」の下にある、流動性をもった「マントル」内では、「プルームテクトニクス」といわれる極めてゆっくりとしたマントル対流・・すなわち、マントルの上昇流、下降流の流れが生じています。

地殻では、そのプルームテクトニクスによる上昇流の、地殻直下における水平方向の動きに乗って、「地殻プレート」が動く「プレートテクトニクス」といわれる、年間数cmから十数cm程度の微小な水平方向の動きが常に生じています。

このプレートは、太平洋プレートや、ユーラシアプレート、インド・オーストラリアプレートなどの十数枚のプレートに分かれています。

これらは、数億年前ごろから、その形を変えながらも動き続けていると考えられています。

四千メートル級の山々が連なるヨーロッパアルプスや、エベレストで代表される八千メートル級の山々が連なるヒマラヤ山脈などは、このプレートどうしの衝突、押し合いによって、その接触しているところのプレートが持ち上げられるなどといった造山運動によってできたものです。

地震は、このようなプレートどうしの押し合い、あるいは片方のプレートがもう片方のプレートの下へ沈み込んだりしていることなどによって、両プレートの接触域周辺の岩盤にひずみが蓄積され、これがある限界に達したときに、岩盤の破断やずれが生じ、地震のエネルギーとなって、周囲へ地震波として伝播していく事象です。・・これらは、地球の、日常的なわずかずつの動きの積み重ねがもととなって、・・結果として、・・「自然の雄大さ」、あるいは「自然の脅威」、「災害」、などとして人間の前に現れているものです。

これらは膨大なエネルギーを伴う地球の営み、事象の一つとなっています。

・・地球も、自然も、・・まさに「生きている」、「動いている」のです。・・・

・・地球には、人間のように「脳」はありませんので、「意思」や「感情」などはもっていませんが・・・

・・・・

偉大なのは、アラーの神でもキリストでも仏様でもないのです。

・・・「地球」なのです・・・

我々人間は、人類は、・・地球上に何とか住まわせてもらっている、生きさせてもらっている・・ということなのです。

人間は、地球上の主役ではありません。

脇役でもないのです。
・・「その他大勢」・・なのです・・
主役は「地球」であり、「自然」なのです。

・・「地球」こそが「神様」である・・・と言ってもよいのかも知れません・・・

人間は、地球上で、我が物顔で偉そうにしたり、振る舞ったり、大きな顔をできる立場には、そもそもないのです。

地球に対して、自然に対して、思い上がってはいけない。

地球上に、遠慮しながら棲みついて、何とか生きさせてもらっている・・という立場なのです。


運よく生きさせてもらっているだけでもありがたいこと・・・
・・「地球」に、「自然」に、心から感謝しないといけない・・・

・・・・・

地球上で、人間どうしが敵対し、傷つけ合い、殺戮し合うなどということは、本当に愚かなことであると思いませんか？・・・

動物も、他の動物を殺したり、同じ動物どうしが殺し合ったりしていますが、これらは本能に基づく行動と考えられます。

人間は、動物と違って、本能だけで動いているわけではありません。

脳の大脳皮質が動物に比べて大きく発達したことにより、いろいろ考えたり、評価したり、判断したりすることができています。

・・その脳を使って・・・

本当に深く考えるということをすれば、・・・

道徳、倫理などに照らして、・・深く考える・・ということをすれば、・・・

人間どうしが殺戮し合うなどということは、・・これを回避する能力は十分に持っているはずです。・・・

人間は、動物のような弱肉強食の世界に生きている・・という以上の知恵を働かせることができるのです。

人間は、逆にこの知恵がつきすぎて、・・「欲望」が強くなりすぎて、・・殺戮や戦争などに走るということではないかと思われます。

人間は高々数十年生きながらえて死に至ります。

人間、皆がそうです。

死ねばその個人は何もなくなります。

脳が機能しなくなれば、・・神経回路のネットワークが機能しなくなれば、・・個人は、自分という存在は、・・すべてなくなるのです。

火葬された時点で、すべてが無に、灰に帰するのです。

地球はこれから何十億年あり続けるのか分かりませんが、・・それに至る前に、・・いつかは・・人間は、人類は、この地球上から姿を消すのではないか・・と思われます。このあと長くとも数千年もすれば、人類は、戦争あるいは食料難や資源難、伝染病、天変地異、・・などによって滅びるのではないか・・と私は思っています。

・・あるいは・・人間の知恵がよい方向に働いて、・・ひょっとしたら地球が消滅するのと同じころまで生き永らえているのかも知れません・・・

いずれにしろ、地球が、遠い将来に消滅したとすれば、いやでも人間や生物もいなくならざるを得ないということです。

・・日常的なつまらない争いごとが、本当につまらないこととは思いませんか・・・

仏教の教えではありませんが、「諸行無常」（この世のあらゆる事象は常ならず、流転する・・）という教えに鑑みると、物事の全ては固定されたものではない、価値も変わっていく・・ということではないかと思います。
争いごとや憎しみ合いなども、それを行うことが、人間として、人類として、本当にあるべき姿なのかどうか、・・よく考える必要があるのではないでしょうか。・・
つまらない争いごとなどはやめて、人間の知恵を、人類として、もっとよい方向にはたらかせることを皆が考えれば、・・さらによい世の中になっていくのではないか・・と思います。・・・

・・・・

人間として、個人として・・
個々人が・・地球上で生きていようが、死のうが・・
動物、生物が・・生きていようが、死のうが、死に絶えようが・・・
・・地球には何の関係もないのです。・・

地球はそんなことには何も関心がないのです。

「地球」は何ら関係なく、自転を行いながら、太陽の周りをまわり続けるのです。・・・
・・我、関せずで、まわり続ける・・・
地球上で何が起きようが・・朝になれば太陽が昇り、夕暮れには太陽は沈んで、星や月が現れてくるのです。・・・
人間を含め、動物、生物は、・・すべては「虚」なものであり、たとえ形があったとしても、いずれは地球上から消えてなくなる「実体」のないもの・・・
「実体」としてあるのは、・・・「地球」あるのみ・・・
「太陽」などの「天体」があるのみ・・・

・・・・・

・・「地球」は・・・

地球として、また、太陽系の一員として・・

その内部にもっているエネルギーが尽きるまで・・

・・・ただただまわり続けるのです・・・

・・・・・

・・・・・

・・・・・

8　自然、地球に対する畏敬の念を、調和の心を

私は、岩盤を相手としたトンネルや地下空洞の建設に長らく携わってきました。

岩盤の中を通るトンネルや地下空洞は、変形したり、崩れたりしないように、ロックボルトや吹付けコンクリート、覆工コンクリートなどといった鉄筋やコンクリートなどから成る「支保工」によって空洞周囲の岩盤を補強し、安定を保つようにしています。

このような支保工は、周囲の岩盤からトンネルなどに作用する力を、無理やり押さえ込もうとして施工されるわけではありません。

岩盤、自然の力をある程度利用しながら、その自然の力とうまく調和して安定するように施工されます。

自然の力に真っ向から逆らっているわけではありません。いかに自然と調和していくか・・ということを考えながらトンネルや地下空洞はつくられています。

・・自然の力に対しては、人間の力はとてもかないませんから・・・

地震に対しても、その力を人間がおさえ込むなどということはできないことです。高層ビルに代表される建築物なども、地震の力をおさえるということではなく、地震力が直接建築物に作用しないように、あるいは地震力をうまく逃がすように、免震構造、制震構造などのいろいろな工夫がなされています。また、想定される地震力が作用しても壊れないように、耐震構造として設計されます。

火山の噴火なども、人間の力で止めるなどということは不可能なことです・・

台風がきても、嵐がきても、その強風をおさえることはできません・・

津波がきても、それを鎮めることはできません・・
自然に対しては、大なり小なり、まともに対抗できるだけの力は人間にはないのです。
人間は、自然、地球と比べれば、限りなく無力な存在です。
人間が何と感じようと、どう思おうと、・・地球上のいたるところで・・嵐は吹き荒れ、河川は洪水で溢れ、土砂は崩れ、火山は噴火して溶岩が流れ、また、大地震が起きているのです。・・
災害などが起きれば、人間は、ただただ逃げまどうしかすべはないのです。

・・・自然には逆らえません・・・

・・その人間が地球上で生き永らえていくには、・・自然、地球と、調和・協調しながら生きていくしかないと思っています。

自然相手に構築する人工構造物は、それなりの大変な対応、対策をしたとしても、「完璧」

ではありません。

人間が、自然相手に完璧に対応できていると考えられるものが、あらゆる構造物のすべてでできているとは思われません。

豪雨による河川の堤防の決壊、あるいはダム堤体の崩壊、補強をしているはずの斜面のすべり、河川に架かっている橋の橋脚の破壊、土石流による砂防ダムの決壊、・・などなど、自然相手の人工構造物の損壊などの事例は、これまでも数多くみられています。


これは、・・自然相手の構造物の構築においては、・・通常は、ある仮定や前提のもとに、理論を適用し、安全率をみて設計、建設していますが、その仮定、前提などは、地質調査や岩石試験、岩盤試験などをもとに決めているもので、・・そのとおりに、自然が、地球が、全て言うことをきいてくれるわけではない・・というところにその原因があるということなのです。

地盤や岩盤など、地球を構成している物質は、均質・均一ではありません。

調査や試験などでは、その性状について、必ずしも全て確実に把握できるわけではありません。

試験結果にはバラつきもあれば、場所によっては違う値を示すことも当然あることです。それを、「安全率」というかたちで、そのリスクを見込んだうえで、諸々の構造物を設計・建設しているわけですが、それでも、自然に対してすべて完璧に対応できているということにはならず、ある程度の限界はどうしてもあるということです。


人間が考えているようには、自然は、地球は、単純なものではないのです。・・

・・人間の把握能力をさらに超えているのが、「自然」であり、「地球」なのです・・

人間は、もっともっと謙虚に、すなおに、自然、地球と向き合う必要があります。

理論であれ、調査・試験であれ、自然、地球に対する人間の思い込み、期待などは、もっともっと精査、吟味する必要があります。

自然、地球には、・・人間の知恵などがとても及ばないところがたくさんあるのです。

このことは、あらためて再認識する必要があるのではないかと思います。・・・

人間は、これまで、地球上において・・人間のための生活空間を、近代的と考えている街を、高速道路や橋などを、ほぼ人間の思うとおりに、人間の都合のよいように作ってきています。

しかし、高層ビルなどが立ち並ぶ・・鉄やコンクリート、ガラスなどでかたちづくられているその近代的と考えている街の下には、・・これをはぐれば、・・土や土砂、地盤、岩盤が、・・地球があるのです。・・・

地球の内部は、今現在も、また永遠に・・わずかずつですが動き続けています。

地球の内部や岩盤そのものが「物理的に生きている」ということです。

地殻プレートの他のプレート下方への沈み込みや押し合いなどに起因する・・地震、津波、火山の噴火・・・

地表面における、海水などからの水分の蒸発や、その集積による雲の形成、また、その雲が発達した結果としての降雨や降雪、さらにその土中への浸透や、河川への流れ込み、海への川の水の流れといった地球上における水の循環・・・太陽の活動の変化や、海水温の変化・・などに起因する・・気象の変化、異常気象・・・・などなど・・

これらは、「自然の摂理」、「地球の摂理」によりもたらされる事象であり、人間は、これらの事象をある程度は予測できるかも知れませんが、それらの真の動きは「自然」、「地球」にしか分からないのです。・・

「天変地異」が起きるのが「自然」、「地球」なのです。・・

「穏やかな日々」というのは、地球のほんの「一つの側面」でしかないのです。・・

例としては相応しくないとは思いますが、二〇一一年三月に生じたマグニチュード9・0の東北地方太平洋沖地震による大津波もそうではないでしょうか。

まさかこんな大きな津波が来るとは・・と思ったのは、人間の思い込みであり、自然は、地球は、その「摂理」に従って動いただけなのです。・・

日本の中央部付近以北の岩盤を形成している北アメリカプレートの太平洋側の海域深部では、日本海溝に沿って、この北アメリカプレートの下方にむかって太平洋プレートが沈み込んでいます（年間10㎝程度ずつ、今現在も動き続けています）。

その接触域の岩盤には、長い年月の間に、このプレートの沈み込みによるひずみが蓄積しています。

このときの大地震は、その蓄積したひずみが、岩盤としての許容ひずみを超えたことにより、岩盤の破断やずれが生じ、それが地震動のエネルギーとなって岩盤内を伝播したことにより生じたものです。

その海底深部の岩盤の破断やずれの動きが、海底から海水中を上部の海面にまで伝播していき、海面に上下の揺れが生じて、・・これが海岸にまで横方向に伝播することによって、津波として海岸に押し寄せたものです。

東北地方太平洋沖地震では、そのときの岩盤の動きが特に大きかったため、大津波となっ

て海岸に押し寄せました。・・
犠牲者の方々や被害に遭われた皆さまには申し訳ありませんが、・・それが自然というもの、地球というもの・・と思うしかないのです。・・・

ネパールで二〇一五年四月に生じ、大きな被害を被ったマグニチュード7・8の大地震も、同様な地殻の動きによるもので、・・モンゴルなどが在る大陸のユーラシアプレートと、インド・オーストラリアプレートが押し合う力によって（現在も年間5㎝程度ずつインド・オーストラリアプレートは動き続けており、大陸移動の力が加わり続けています）、岩盤内に同様にひずみが蓄積し、その限界に達して破断やずれに至る・・という事象により起きたものです。

ネパールは、そのプレートの衝突地帯にあるということを、日常の生活のなかで、それほど強く意識されていなかったのではないかと思われますが、そのようなこともあって、被害が拡大したのではないかと推測されます。・・

・・「災害は忘れたころにやってくる」・・とよく言われます。・・

地球内部や地殻プレートのこのような動きは、日常的にはごくわずかなものですが、・・それに伴って、・・岩盤内には、長い年月にわたって徐々にひずみが蓄積され、それがある限界に達したときに、岩盤の破断やずれとなって一気に解放され、地震という事象となって現れます。

地震ののちには、・・再び・・岩盤内には、長い年月をかけて徐々にひずみが蓄積され、・・

それが、また、ある日、一気に解放されて地震となるということです。

この「長い年月」ということが、「忘れたころに」ということにつながっているということです。

地球内部や地殻プレートは、今も、また永遠に動き続けており、このひずみの蓄積、解放の過程を繰り返し繰り返し行っている、・・行い続けている・・ということなのです。

火山の噴火も、このような地殻の動きによって、地殻内のマグマだまりが刺激され、マグマの活動が活発になって、噴火という事象となって現れるということです。

地震や火山の噴火活動などは、・・長い年月ののちに、・・忘れたころに・・また「必ず」やってくるのです。

地球内部や地殻プレートのこのような動きが続いている限りは、繰り返し繰り返し我々の前に現れてくる。・・・

・・地球としての「宿命」とも言える事象として・・・

このような強大なエネルギーを・・「地球」は持っている、秘めているのです。

さらに、これからも、・・何十億年間か分かりませんが・・地球は持ち続けるということです。

・・これは、我々人間には止めようがないこと・・

自然、地球の力はすごい、脅威だ・・ではなく、自然、地球にとっては、それが「是」であり、普通の「正常」な活動、事象なのです。

何も驚くことはないのです。

人間は、このような大地震などをはじめとした、自然、地球の諸事象のメカニズムについては、恐らくこうであろうということで推測しているにすぎません。

厳密に解明、予測できているわけではありません。

人間は、自然、地球に対しては、常に畏怖の念、畏敬の念をもって、少しでも自然、地球と調和できるように努力を重ねなければ、自然、地球とうまく付き合っていくことはできないと考えられます。

このような発想をもって自然、地球と接しなければ、地球上で、人間に都合のよい構造物などを安全裡につくることはできない。

人間ありき、文明ありき、科学技術ありき、理論ありき・・ではなく・・、まず、「自然ありき」、「地球ありき」・・から始まるのです。


人間は、自然、地球に対しては逆らえない。

人間は、その自然、地球となんとか歩調を合わせられるように、自らを適合させながら、これまでも生きてきたのです。

自然、地球を克服できた・・などと思ったとしたら、それはとんでもない思い違いであり、勘違いであり、また、不遜な考えです。

自然、地球からのしっぺ返しは必ず訪れます。


地球は、「太陽系」の一員として約四十六億年前に誕生したと考えられていますが、人類の祖先はおよそ十万年前ごろに現れたと考えられています。

地球の歴史を一日とおきかえると、人類の歴史はおよそ1・9秒となります。

まさに「一瞬」というのが、人類の、人間の歴史なのです。

最近地球上に多少は住み慣れてきたところ・・というのが人類、人間なのです。・・・
・・さらに、話は大きく飛びますが・・・
「地球」は「太陽系」の惑星の一つとして、「太陽」の支配下にあり、「太陽」の挙動に左右されています。

「太陽」から全てが始まっているのです。

「太陽系」の惑星は太陽と運命共同体となっています。

本当は、まず、「・・太陽ありき・・」から始まるのです。・・

太陽の内部では、四個の水素原子核が一個のヘリウム原子核に変わる核融合反応が常に起きていて、それにより、常時、莫大なエネルギーが生じ続けています。

太陽の表面温度は摂氏約五千七百度にもなります。

その太陽が放つエネルギーが、遠くにある地球にまで届いているのです。

我々は太陽をまともに見ることはできません。

そのエネルギー、光の強さによって目を傷めることになるからです。

それほど強烈なエネルギーを、光を、四方八方に放っているのです。


地球と太陽は約一億五千万㎞離れています。

地球の直径は約一万三千㎞ですので、太陽は、地球の直径の約一万二千倍の距離のかなたにあるということです。

ピンとこないかも知れませんが、・・光の速さは毎秒約三十万㎞ですが、その光で約八分二十秒かかるという距離です。・・

我々が今見ている太陽の光は、約八分二十秒前に発せられた光・・ということです。

それだけの距離が離れているにもかかわらず、太陽は、地球上に、また宇宙に向かって強大なエネルギーを放ち続けているということです。

真夏の猛暑も、太陽のもつ熱エネルギー、放射熱によるものです。

・・すごいエネルギーだと思いませんか？・・・

太陽は、そのような強大な恒星であり、その放つエネルギーのおかげで、人間をはじめとして、地球上のあらゆる動物、生物が生きていける、生き延びられる環境が作られている・・ということなのです。

「太陽」から、我々の生きるもととなるエネルギーの全てを、恩恵として受けているということです。

太陽が仮になくなったとするならば、また、その恩恵にあずかれなくなったとするならば、・・・地球上の全ての動物、生物は死に絶えることになるのです。

偉大なのは、本当は、自然でも、地球でもないのです。

・・「太陽」なのです。・・

地球は、太陽と比べれば、ほんの小さな豆粒ほどの惑星にしか過ぎません。

太陽の直径は地球の約百九倍もあります。

太陽を特殊な黒色ガラスなどを通して見れば、太陽は月ほどの大きさにしか見えません。

たいした大きさではないと錯覚してしまいます。

ところが、・・まず、できないことですが・・、仮に、地球が太陽のすぐ近くまで近寄ったとするならば、・・太陽はとてつもない大きさとなって、白熱の強大な塊となって、空一面にわたって我々に覆いかぶさってくることになるのです。

また、その場合には、太陽の表面の超高温フレアにより、地球全体が呑み込まれるとともに、あっという間に溶けてなくなる・・・ということです。・・・

地球は、大きくどっしりしていると思えても、実体はそのようなものなのです。

たまたま、太陽からほどよい位置に居ることから、地球上の人間や動物、生物は平穏に暮らしていけるのです。

仮に、地球よりも太陽に近いところにある金星や、より遠いところにある火星などの位置に地球があったとしたならば、・・地球上で、生物が今のように生存していけたかどうか・・その可能性は、まず、なかったものと考えられます。

たまたま、・・我々は生存することができる環境のなかにいるということです。

地球上で、我々人間をはじめ、動物、生物が生存しているというのも、・・「たまたま」の結果なのです。

・・・・・

・・話は少し飛びましたが、自然相手のもの、地球相手のものは、決して人間ありき、人間の考え中心ではいかないということです。

最初に、まず、「自然ありき」、「地球ありき」・・ということなのです。

自然や地球に対しては、固定観念を持つことなく、すなおに、謙虚に向き合い、我々の前に展開されるさまざまな事象に対して、すなおに対応していくことが求められると考えられます。・・・

・・自然を、地球をじっくりと観察することから始めなければならない・・

人間は、地球の上で、一見、自由に、思いどおりに活動していると思っておられると思われますが、・・もう一度、よく自然、地球を見つめ直す必要があるのではないか・・と思われます。

・・人間、個人は「実体」がないけれども、地球や太陽、宇宙にある星々は「実体」がある・・・

我々が目にするこの世の中で、「実体」があるのは、・・「実体」をもって何億年単位で活動し続けているのは、・・地球であり、太陽であり、宇宙である・・ということなのです。・・・

・・・・・

「自然」、「地球」に対しては、畏怖の念をもって、畏敬の念をもって接しないといけない。・・・

「自然」、「地球」に対しては、・・・何とか協調できるように、調和の心をもって接する、ハーモニーを保って接する・・ということが我々人間にとって大切なことであり、また我々人間としてできることではないかと思われます。・・・

・・・・・

・・・・・

・・・・・

（・・この章で少し触れました地球や気象のしくみなどについては、さらに詳しく知りたいと思われる方は、その関連の解説書などをぜひご覧いただければと思います）

9 「愛地球心」の心

・・我々人間は、個人は、・・「虚なもの」、「実体のないもの」・・と考えられます。・・人間は、脳の神経回路が働いている間だけ、・・この世に、・・この地球上に生きています。

その生きている間は、・・その間は・・、多くの人は、幸せに生きたい、生きていてよかったと思える人生を歩みたい・・と思っておられるのではないかと思います。

この世に生を受けたのだから、・・生きていくならば満ち足りた充実した人生を歩みたい・・と思うのが人間というものではないかと考えられます。

しかし、脳の神経回路の働きがなくなれば、その人間は、個人は、この地球上からはいなくなるのです。

個人はすべて無となります。

その人は、・・この世から消えてしまうということです。・・

その人がいなくなったとしても、世の中は、地球の営みは、何も変わらず、そのまま継続されます。

地球の営みにとっては何の影響もないのです。

地球は、・・何事もなかったかのごとくに、・・朝には日が昇り、夕方には日が暮れて夜を迎えます。

夜が明ければ、また朝がめぐってきます。

地球は、これを、延々と約四十六億年もの長い間、繰り返し続けているのです。

その人が、地球上に居ようが居まいが、生きていようがいまいが・・何も変わることはありません。・・

その人には全く関係なく、地球はただただ動いているのです。・・

生きている間だけ・・、家族や、周りの人や、他の人との交わりができるのです。

生きている間だけ・・、その人は、周りの人に影響を与えたり、与えられたり・・、幸せにしたり、感謝されたり、喜んだり、感動したり、・・また、そうではなかったりするのです。

あるいは、その人は、周りの人から大きな影響を受けて、その人の人生が大きく変わったりします。

その人と、周りの関係する人たちは、大なり小なり、互いに影響し合いながら生きているということです。

その生きている間は、・・その間は・・幸せに生きたいと思うとともに、多くの人は、できることなら、まわりに迷惑をかけることなく、平和裡に生きたいと思っているのではないでしょうか。

無用な争いごともなく、生きる喜びをもって、有意義な人生を送りたい・・・と。

この地球上に生を受けた一人の人間として、・・この地球上で生きていくためには・・「周りの人たち」や「自然」、「地球」と調和を保って生きていく・・ということが大切なのではないか・・と思います。・・・

また、そのようなことを、多くの人は、心のなかでは思っているのではないかと思われます。・・

・・・・・

・・・・・

・・自分以外との調和・・・

・・自分以外の「周りの人たち」と調和を保って生きていく・・・

人間皆、自分ひとりで生きているわけではありません。

自分ひとりで生きていけるわけでもありません。
周りがあって自分も生きていけるのです。

仙人のように、山に一人こもって一生を過ごす・・ということならば、全くの一人で、自分の考えだけで、自分の思うように一生を終えることができるかも知れませんが、・・今の世の中においては、そのようなことはまず不可能なことと言えるでしょう。
どうしても、自分以外の周りの人たちとの接触、交わりが必要となってくると考えられます。

自分のことだけではなく、周りにも気を配る、周りに配慮する。
周りに対する感謝の心、思いやりの心を皆がもつことが大切・・ということではないでしょうか。

自分さえよければよい、自分だけ、家族だけ幸せになればよい・・ということでは、周りとのよい調和はとれないのではないか・・と思います。
また、このような思いは、ある特定の個人だけがもったとしても意味がないと思われます。
人間として、皆が同じようにもつことが大切・・ということではないかと思われます。・・・
自分と自分の近くにいる人たちだけではなく、周りの人たち、さらにそのまた周りの人たちも、同じような思いを持っているということが大切なのではないでしょうか・・・

そのためには、・・地球上で生きている人間、人類・・ということを考えると・・・
私は、自分の周りの人への感謝、思いやりの心とともに、もっと広くとらえて考えることが望まれるのではないか・・と思っています。
自分の周りの人だけではなく、地域や国、・・さらには世界全体にも目を向けるということが必要なのではないか・・と思います。

・・皆、この世に生を受けた、同じ人間、同じ人類なのですから・・・

世界中の人々は、皆同じ人間なのです。
皆、自分ひとりで生きているわけではないのです。
人間は皆、・・生きるためには・・、また、人類として生き永らえるためには・・、周りのあらゆる人々との調和が必要・・ということではないでしょうか。・・・
そのためには、・・近しい人への愛、地域の人々への愛、県民としての県民愛、また、国を愛する愛国心・・・といったものだけではなく・・・
・・・というか・・・
・・・そうではなく・・・、もっと広く、世界全体、地球全体を「心」に入れた・・・
・・・「愛地球心」・・・という考え、心が必要なのではないか・・と思います。・・・

近しい人への感謝の心、愛の心はもちろん大切と思いますが、国と国との関係について言えば、・・愛国心があるから、・・国や国益を守ろうとして、国どうしのいさかいや、ひいては殺戮・戦争などに向かってしまう・・・
愛国心があるから、・・国土を大切にしたい、自分の国が世界で最も幸せな住みよい国になってほしい、自分の国が栄えればよい、自分の国さえよければよい・・というような考えになっていくのではないでしょうか。・・
・・・自分がかわいい、自分の国がかわいい・・・

「人類皆兄弟」・・と、昔、言っておられた方がいました。

その思いと全く同じ思いであるかどうかは分かりませんが、私も同感です。

まさに、同じ「人間」として、同じ「人類」として、同じ「兄弟」として「地球上に」生を受けている人間としての心をもととした・・・「愛地球心」・・・の心を皆がもてば、もっと心豊かな安らかな世界になるのではないか・・と思います。

・・・地球上に住む人間は、・・・人間として、人類として、皆同じである・・・と。

世界の人々は、・・・人種、肌の色、民族、言語、宗教などの違い・・・
自然環境や生活環境などの違い・・・
・・・など・・・さまざまな違いはあるでしょうが・・・
皆、人間としては同じです。
人間として、同じ体をしています。
同じ体の構造をしています。
同じ体のしくみをもっています。
同じ脳の構造、神経回路をもっているのです。

・・・それは何も違わないのです・・・

そのような同じ人間どうしが、国どうしが、いがみあい、憎しみ合うということが・・
いずれは、この世から、地球上からいなくなる「虚」な人間どうしであるにもかかわらず、
憎しみ合い、けなし合うことばかりを考えている・・ということが・・
自分の都合で、自国の都合で、国と国との間の緊張を高め、争い合うというようなこと
が・・・
・・そのようなことが、果たして、人間として、人類として、望まれることなのか・・・。
お互いがお互いを認め合い、感謝、尊重し合うという心をもてば・・
お互いの立場を理解し合い、協力し、協調し合うという考えに立てば・・

・・・もっと平和な、心豊かな世界が築けるのではないか・・と思います。・・・
人間は単なる動物ではないのです。
「人間」として、知恵を働かせることができるのです。
人間皆が、その知恵をよい方向に働かせて、・・そのような環境を整えれば・・・

愛国心という心のなかにある「国」というものを超越した・・・「愛地球心」・・という「心」が自然と芽生えてくるのではないか・・と思います。・・・

・・何のために、いがみ合い、憎しみ合うのか・・・
・・人種の違い、民族の違い、宗教の違い、ものの考え方の違い、環境の違い・・などの違いからくるものなのか・・・

・・・・・
・・・・・

人種や民族の違いは、・・これは遺伝子に係るものであり、その違いはどうにもしようがないものと考えられます。

人種や民族の違いにこだわらず、婚姻関係を結ぶということも最近は多くなってきていることを考えると、・・その遺伝子も徐々には変わっていくのかも知れませんが・・、それはごく少数の人たちであると考えられます。
人種や民族の違いは、・・これをなくすということは難しいことかと思われます。
他の人種や民族に対して、本能的に違和感や敵対心を持って身構えてしまう・・・という
ことなのかも知れません。
特に意識はしていないのに、自分たちとは違う人間だと自然と思ってしまうのかも知れま
せん。・・
しかし、その違いの垣根を取り払って、・・お互いに「同じ人間・人類である」・・とい
う考えに立てば・・・、お互いを「理解し尊重し合う」ことは十分に可能なのではないで
しょうか・・・
・・・まさに、同じ人間、同じ人類なのですから・・・
宗教については、・・世界にはさまざまな宗教があり、これを統一させるということはま

ず不可能なことと考えられます。

それぞれの宗教にはそれぞれの神様、仏様がいて、その神様、仏様の教えのもと、また、それが絶対的なものとして、その教えに従い、祈りをささげているということだと思います。

宗教ごとに、神やその教えが異なることから、他の宗教の信者とは相容れない、あるいは他の宗教は自分の信じている宗教の教えを認めていない・・として、互いに敵対してしまう・・ということになるのではないかと思われます。

さまざまな宗教が平和裡に共存するということは、これもなかなか難しいことと思います。

それぞれの宗教は、それぞれが、尤もな、最も崇高と考えている教えにもとづいているもの・・と信じていると思われます。

それぞれが、皆、熱心な信者となって、その教えに従っていると考えられます。

宗教が、「人類全体」にとって、どのようなかたちで関わってくるのだろうか・・ということも考える必要があると思われます。

宗教の違い、教えの違いにより、民族間や国家間の戦争が起きている例は数多くあります。

また、資源や食料などをめぐる民族間や国家間の争いにも宗教がかかわってくることもあります。

これらも、その民族や国としての、あるいは宗教がからんでいると思われるところの・・「欲望」（二次的欲望）の表れと言えるのではないでしょうか。・・・

自分の宗教を守ろうとして、また、自分の国や民族の利益を守ろうとして、・・その愛着心、執着心が昂じて戦争などにまで発展するのではないか・・と考えられます。

宗教を否定するつもりはありませんが、熱心さも適度なものとする必要があるのではないでしょうか。

自分の信じている宗教は「絶対」である・・というようにのめり込んでしまうと、他の宗教が見えなくなり、他の宗教を容認できずに、戦争にまで至ってしまう・・ということになるのではないかと思われます。・・
・・しかし、そもそも、・・それぞれの宗教の教えとして、・・自分の信じる宗教以外の宗教を信じる人を、敵対視し、あるいは暴力を振るったり、はては殺傷する・・ということが、その宗教の教えのなかで許されることなのでしょうか。・・
それが宗教と言えるものなのでしょうか。
自分の信じる宗教以外の信者は殺害してもやむなし・・などということが許されるのでしょうか。
宗教というのは、・・皆を幸せに導く・・というのが宗教なのではないでしょうか。

すべての戦争がそうだと思いますが、宗教をもととした戦争というものにも、大義名分があるとは、とても思えません。
もしそのようなことが許される宗教というものがあるとすれば、それは、もはや「宗教」とは言えないのではないかと考えられます。
・・宗教の名を借りた・・独善的、独断的な、狂暴な集団・・ということになるのではないでしょうか・・・

宗教は、・・やはり、・・相互に敵対するものではなく、認め合ってこその宗教ではないか・・と思います。
人間、人類としてお互いを認め合う・・ということと同じで、お互いの宗教をお互いに認め合う、尊重し合う・・ということが必要なのではないでしょうか。・・・
人種も民族も、国も宗教も、・・皆、・・お互いを認め、尊重し合う・・ということが、相互理解につながり、調和の心につながっていくのではないか・・と思います。・・・
・・・・

ものの考え方の違いや環境の違いについては、・・・
その人の育った家庭環境や教育環境、周辺地域の環境、自然環境・・などの違いが影響しているものと考えられます。
その人の周囲のさまざまな環境が異なるのは、これもどうしようもないことと思われます。

それぞれの人が育つ環境はそれぞれに違ってあたりまえと思われます。

同じ環境にはなり得ないと考えられます。

それぞれの環境のなかで、それぞれの人が生きていく・・ということだと考えられます。

これも、・・「地球人」・・という考えに皆が立てば、おのずと解決できることではないでしょうか。

同じ地球上に生きている同じ「地球人」として、「人間」として、地球規模でものごとを考える・・という意識を皆がもてば、・・これらの環境の違いという垣根も自然となくなっていくのではないか・・と思われます。・・

・・・・・

人間と人間との間の、このような種々の違いは、・・その結果として、・・人間どうしの、人類どうしの、軋轢や、いさかい、争いなどが生じるもととなっているのではないかと考えられます。

その要因となっていると考えられるのが、人間のもっている・・「欲望」・・ではないかと考えられます。

・・「欲望」があるから・・
・・これらの違いにもとづいて・・
・・その違いを埋めるという考えではなく、それを守ろうとして・・
・・自分を守ろう、それを押し通そうとして・・
・・自分のために、自分の家族のために、自分の国のために・・・
・・自分たちが幸せに生きるために・・・
・・ということによって・・
・・・結果として、・・・軋轢やいさかいなどが生じてしまう・・・
・・ということではないかと考えられます。・・

人間と人間との間の種々の違いや、周囲のさまざまな環境の違いにもとづいて「欲望」が芽生え・・

その欲望を満たそうとして、・・人間にとって、人類にとって、望まれないさまざまなことが生じる・・ということではないでしょうか・・・

・・人間のこのような欲望は、けっして人類のためにはならない・・ということではないでしょうか・・・

・・このようなことも、・・人間は、人類は皆同じである、皆同じ「地球人」である・・という考えにたてば、・・自然と消えていくのではないかと思われます。・・

人間皆、一人で生きているわけではありません。

周りがあっての自分なのです。

相手を認める、慮る、尊重する・・という考えに立てば、その違いや欲望は頭のなかから消えていくのではないでしょうか・・・

きれいごとを言ってもしょうがない・・と思われるかも知れませんが、・・人間皆がそのような心を持つようになれば、また、そのような教育なり環境なりが整えられれば、・・おのずと解決していくことではないか・・と思われます。・・・

生まれたときから、最初から、争いや戦争を望んでいた・・という人はいないと思います。

他の人と争ったり、戦争をしようと思って生まれてきた人もいないはずです。

他の人間と張り合おう、他人を無視して自己主張ばかりする人間になろう、自分さえよければよいという人間になろう・・・などと思って生まれてきた人もいないと思います。

生まれたときは、皆、「ピュア」な心で生まれてきていると考えられます。

赤ちゃんや幼い子どもは、皆、無邪気です。

邪心はありません。

戦争することを一生懸命に考えている赤ちゃんもいません。

・・かわいい、かわいいと、周りから言われて、皆、育ってきています。・・

・・それが、・・成長し、大人になっていくにしたがって、・・家庭環境や教育、周囲のさまざまな環境のなかで、脳の神経回路が発達、整備されるにつれて、・・その人の脳のなかに、心のなかに、・・「二次的欲望」が徐々に芽生え、膨らんでいくものと考えられます。

それを達成するために・・、なかには、・・争いや戦争などの、人間にとって、人類にとって、望ましからぬ行動に移行していく人が、少なからず出てくるものと考えられます。

・・そのようなことにならないようにするには、・・この「二次的欲望」を自らがいかにコントロールするか・・ということが大きくかかわってくるものと考えられます。

家庭環境や教育、周囲のさまざまな環境によって、これがうまくコントロールできるように導かれれば、・・そのような・・争いごとをしよう・・、というような「欲望」も抑えられていくのではないか・・と考えられます。・・

・・相手に対して、構えるのではなく、お互いがお互いを認め合う、尊重し合う、調和し合う・・ということが大切である・・と言えるのではないでしょうか。・・・・・これは、・・日本人の「おもてなしの心」とも通じるものがあるのではないかと思います。

「おもてなし」は、・・・「自分目線」ではなく、「相手目線」に立って、・・相手に喜んでもらえるように、満足してもらえるように、いろいろとお世話をしたり、良好なコミュニケーションがとれるように努めます。

お互いの心が通じ合うように、種々気もつかいます。

相手が、・・訪れてよかった、嬉しい、ありがとう・・と思ってもらえるようにしたいと考えます。

これが、相手を認め、慮り、尊重するという「心」と通じるものがあるのではないか・・と思います。・・

・・日本人は、海外の人と比べて、「おもてなしの心」をより強く持っていると考えられます。

これは、ひとつには、・・日本人は狩猟民族ではなく、漁業や農林業を主な生業とした農耕民族であり、狩猟民族としてもっていると思われる・・どちらかと言えば攻撃的な性格はそれほど強くはなく、自然の恵みを大切にする勤勉で温厚な性格をしている・・ということが影響していることが考えられます。

自然や周りと調和を保ち、無用ないさかいは避けて、平和裡に暮らしていきたい・・という思いがより強いのではないかと思われます。

風貌も、西洋人のように彫りの深い厳つい顔ではなく、比較的穏やかな柔和な顔立ちをしています。

これも、温厚な性格の反映として、骨格などとともに、表情としても顔に表れてきている・・ということではないかと思われます。

顔の表情には、人としての性格や個性なども自然と表れてくるものと考えられます。・・

また、・・体格的にも、西洋人などと比べれば、日本人は小柄なほうで、体格の大きな厳つい顔の西洋人に対しては、自然と臆してしまい、下手に出てしまう・・というところがあるのかも知れません。・・

さらに、・・大陸にある国々のように、他国と国境線を境に陸続きに接しているということもなく、島国として、周りが全て海に囲まれているという環境も少なからず影響しているのではないかと考えられます。

他国から陸伝いにいきなり攻め込まれるということもないということが、常に緊張感をもっていなければならないという環境にはないということで、これも穏やかな性格につながる背景となっていることが考えられます。

いずれにしても、「おもてなしの心」は、周りとの調和をはかるという点で、人間として、人類として大切なものなのではないかと思います。

その意味では、日本人として、・・「愛地球心」・・という心を、日本から世界に発信す

る・・ということもより相応しいことと言えるのかも知れません。・・・

自分以外の周りの人たち、また、そのもっと周りの人たちに対して、お互いに全ての垣根を取り払った・・・「愛地球心」・・・という心を世界の人々皆がもてば、・・・人間にとって、人類にとって、もっと心豊かな平和な世界が築けるのではないか・・・と思います。・・・

・・・・・

・・・・・

・・自分以外との調和・・・

・・また・・、「愛地球心」には、・・・人間どうし、人類どうしが、国というものを超越して、尊重し、調和していくということとともに・・・

・・・「自然、地球そのものを愛する心」・・・という、もう一つの側面があります。

人間どうしの相互の心の通じ合いだけではなく、我々人間がこの世に生を受けている「地球」そのものに対しても、人間や動物・生物とは違う「地球」、「自然」の営々と続いている営みを認め、また、尊重、感謝し、調和をはかっていく・・・という心が大切なのではないでしょうか。・・・

地球があってこそ、我々は生きています。

地球があるからこそ、我々は生きていけるのです。

地球上で、地球、自然の恩恵を受けて我々は生きているのです。・・

地球上には大気があり、酸素があり、水があり、・・・また、・・・植物、動物、魚などの生物・・皆が生を受けています。

太陽からの光や熱などの強大なエネルギーの放射も、オゾン層や大気層、地球磁場などによる緩衝的な働きによって、生物全てが生存していくうえでの適度な環境となって、我々に恩恵をもたらしています。

地球の内部には、鉄やアルミニウム、金、銀、銅、セメントのもととなる石灰石・・などの金属・鉱物資源・・
また、石油や天然ガス、石炭などのエネルギー資源・・
電子機器などの基板や部品などに使われるレアメタル・・
・・などのさまざまな資源があり、我々人間は、これを採掘し、精製や加工などを行って利用しています。
これらは、日常生活を営む上で欠かせないものとなっています。
今や、これらの資源がなければ、我々の生活が成り立たない・・というところまでにもなってきています。

また、・・温泉や自然を求めての旅行、登山やトレッキング、冬山の雪の上でのスキー、

夏の海での海水浴などのレジャー・・などなど・・
・・自然そのものも、人間にとって、娯楽やリフレッシュの対象としても欠かせないもの
となっています。

地球の上で、人間の思うように活動できている、生活できている・・・ということで
す。・・・

・・・・・

・・また、一方では、・・地球には「自然災害」という事象があり、これは、我々の望ま
ざるものとなっています。・・

「災害」では、多くの人々が苦しみます。
平穏な生活を破壊されたり、命を奪われたりもします。
何で・・、このようなことが起こらないといけないのか・・・

何で・・、自然は、地球は、我々をこんなに苦しめるのか・・・
何で・・、自然は、地球は、我々にこのようなことをしないといけないのか・・・
・・と思ってしまいます。・・
・・災害のない安全・安心な地球であってほしいのに・・・
・・・・・
・・しかし、・・それで、自然や地球を恨むことはできるでしょうか・・・
自然や地球に怒りをぶつけるということが、我々人間にできるでしょうか・・・
・・残念ながら、そうではないのです。・・
我々人間は、・・この地球上に、・・
・・いつの間にか・・・

・・地球に断ることもなく・・・
・・「棲みついている」・・・
・・ということを・・・
・・今一度よく考える必要があるのではないでしょうか。・・・

・・我々は、・・地球上に「住まわせてもらっている」のです・・・

「災害」は、自然の、地球の、営々と続いている営みの、ある一つの側面です。
これをなくす・・ということは、我々人間にはできないのです。
・・地球はそのようなものなのだと理解するしか我々にはできないのです。

「災害」というのは、「人間目線」で、「人間本位」で、言い表した言葉です。
自然、地球にとっては、「災害」でも何でもないのです。
自然、地球は何も悪いことをしているわけではないのです。

人間をこらしめようとしているわけではないのです。

人間が、・・それが起きると、・・傷ついたり、死に至ったり、・・人間に危害が及ぶから、「災害」として恐れているのです。

「人間目線」で考えるから恐ろしいと思ってしまうのです。

・・・しかし、これは恐ろしいことではないのです。・・・
・・これは、自然、地球の営みの一つなのです・・

・・人間は、これから逃れることは、そもそもできない・・・
・・我々人間は、地球上に「住まわせて」もらっているのですから・・・
我々は、地球上で・・「生きさせてもらっている」・・のです・・・
「地球」は、地球上に人間が居ることすら何も知らないのです。

自然、地球は、人間が居ようが居まいが、・・・人間が何と感じようが、・・・営々と自らの営みを営み続けるだけなのです。・・・日が差したり、曇ったり、雨が降ったり、雪が降ったり、風が吹いたり・・・という自然事象の一つなのです。

その程度が、・・・人間にしてみれば、大き過ぎたり、激しかったりするから、「災害」と言っているということです。

・・・これは「是」として受けとめないといけない・・・

・・地球上で生きていくためには、・・「全て」を「是」として受けとめなければいけないということです。

「災害」があるのが「自然」であり、「地球」である・・・と。

「災害」に遭う遭わないは、全て「運」次第・・・

・・運がよいか、悪いか・・

これはどうしようもないことなのです。・・

・・・・

「防災」・・と言われて、災害に備えることを我々は行っていますが、・・「防災」・・は、その言葉の本来の意味を考えた場合には、それは我々人間の力の及ばないことである・・と言わざるを得ません。

・・「災害」を「防ぐ」ことはできません。・・

自然、地球に、真っ向から対抗できる力は、そもそも人間にはないのです。

我々人間にできることは、・・「災害」・・と称しているものに対して、その被害を、少しでも「軽減する」、「少なくする」・・ということです。

・・いわゆる「減災」ということです。・・

これは、人間の知恵を働かせれば、十分にできることです。
今は、「災害」によっては、それが、起きるかも知れない、起きるであろう・・というこ
とは、ある程度は予測がつくようになってきています。
台風や強風、大雨、雷、竜巻、津波、異常高温・異常低温・・などの気象事象の予測には、
近年めざましいものがあります。
また、洪水や土砂崩れ・・などの可能性についても、ある程度の予測はできる段階にまで
きています。
これらについては、・・事前に、・・「減災」ということを考えて、その対応、対策をと
る・・ということは十分に可能なことであり、また、人間にとっては、それが重要なこと
と考えられます。
・・「防災」までには至りませんが・・・
一方では、・・残念ながら・・地震や火山の噴火などについては、直近の予測というとこ

ろまでには至っていません。・・
・・これは・・・
・・地球の内部の状況については・・
・・ある程度の知見は得られていますが、・・
・・地震などの発生の予測に直接つながるような、諸々の確実なデータが得られるところまでには至っていない・・ということがその要因となっています。
地盤や岩盤の物性や挙動については、場所場所による不均質性や不均一性により、そのバラつきがあることから、・・「絶対こうだ」・・とまでは言い切れないところがあります。

地面の下を全て正確に知るということは、現実的には極めて困難なことであり、また、これから先においても、その全容の確実な把握・・というところまでには至らない・・と考えられます。

地球の上やその上方、さらに宇宙などについては、・・ある程度は、・・目に見える、確認できる・・という点で、その事象の予測や把握は、地面の下よりは、より高い確度をもって、より適切になされると考えられます。

しかし、・・地面の下についていては、・・掘ってみないと、誰にも確実には分からないというところがあり、確度の高い発生予測は難しいのです。

地震などに対する同様な「減災」ということを考えた場合には、・・長期的な観点から・・ある程度の規模の想定のもとに、それに対してあらかじめ少しでも備えておく・・ということが我々にできることではないかと考えられます。・・・

・・・・

自然や地球に係ることがらに関しては、人間にとっては、よいこともあれば、そうでないこともあります。

トータルとして、人間は、地球上で何とか生を享受することができているということです。

我々人間は、自然や地球に係る事象を、「人間目線」で考えてはいけない・・・

「自然目線」、「地球目線」で考えないといけない・・・ということです。・・・

地球上で生きさせてもらっているだけでありがたい・・・という気持ちを持つことが大切なのではないでしょうか。・・・

自然、地球には、畏怖の念、畏敬の念、感謝の気持ちをもつことが大切であると思います。

「災害」は、自然、地球の営みとして認め、またこれとなんとか調和を図っていく・・・という気持ちが、自然、地球を愛する心・・・となっていくものと思います。・・・

我々人間に必要なのは、・・・生きさせてもらっている「地球」に対する、「感謝の心」、「調和の心」を持つ・・・ということではないでしょうか・・・

・・・・・

・・・・・

・・・人間、人類、皆、・・・「愛地球心」・・・の心をもてば・・と切に思います。・・・

・・・・・

・・・・・

あとがき

地球は、誕生してから約四十六億年が経過していると考えられていますが、人類の歴史はそれよりはるかに短い十万年程度と考えられています。

地球の歴史に比べれば、人類の歴史は「一瞬間」ほどのものです。

その人類は、地球上に現れてからこれまで、その短い歴史のなかで、他の動物などにはみられない、驚異的ともいえる進化をとげてきています。

今や、他の動物とは全く別格なものとして、地球上で生きているもの全ての頂点に立って、人類として、人間として、地球上で、ほぼ思うとおりに活動することができています。

特に、この二〜三百年の間における科学技術の進歩にはめざましいものがあり、現代社会は、全体的には、人間として、便利で機能的な生活が営めるようになってきています。

これも、人間の脳の発達、特に脳の外側を占めている大脳皮質が著しく発達した結果、さまざまなことを考えたり、学習したり、評価したり、また、研究したりすることができているということによるものと考えられます。

人間の脳の働きにはすばらしいものがあると思います。

その脳の働きの結果として、・・個人としての考えや、心、個性といったものが生じると考えられています。

このような脳の働きは、脳の神経回路のネットワーク的な活動によるもの・・というところまでは分かってきていますが、具体的に何がどうなってそうなるのかという詳細なしくみまではよく分かっていないというのが実際のところです。

個人としての考えや心、個性といったものが、そのような脳の神経回路の働きであるとすれば、それは瞬間瞬間の神経細胞間の働きそのもののことを言っているということであり、それは、実体のない「虚」なものであると考えられます。

「虚」な人間が、個人が、地球の上で生きている・・ということになると考えられます。

その「虚」な人間が生きていくためには・・どのように生きればよいのだろうか・・

また、人間として、人類として、地球上で、生き永らえていくためには、どのように生きていけばよいのだろうか・・・
・・ということについて、わずかですが私の考えを綴ることができたと思っています。
私は、・・・「地球上の人間・人類として」・・という「心」で、人間皆が生きていければ・・・と切に願うものです。・・・
長い時間、本書にお付き合いいただき、大変ありがたく、また、感謝申し上げます次第です。
皆さんの今後とものご多幸をお祈りして止みません。・・・

著者プロフィール

宮下 国一郎（みやした くにいちろう）

1952年7月 富山県高岡市生まれ
1977年3月 京都大学大学院工学研究科資源工学専攻終了
清水建設（株）入社 主に地下石油備蓄基地建設事業に携わる
工学博士
2012年7月 清水建設（株）を定年退職
日本地下石油備蓄（株）入社 国家地下石油備蓄基地の維持管理業務における岩盤に係る技術指導に携わる
茨城県取手市在住

主な著書
『情報化施工技術総覧』（株）産業技術サービスセンター、1998年、共同執筆
『設計用地盤定数の決め方―岩盤編』（公社）地盤工学会、2007年、共同執筆
『社会インフラ新建設技術』（株）朝倉書店、2008年、共同執筆
『地質調査と設計・施工を結ぶコーディネート機能としての岩盤分類―最新技術と展望―』（一社）日本応用地質学会、2016年、共同執筆 他

人間とは、個人とは・・一体何なのだろう・・
―人間の意識／人体の不可思議と虚実―
・・・「愛地球心」の心・・・

2020年7月15日 初版第1刷発行

著 者 宮下 国一郎
発行者 瓜谷 綱延
発行所 株式会社文芸社
〒160-0022 東京都新宿区新宿1－10－1
電話 03-5369-3060（代表）
03-5369-2299（販売）

印刷所 株式会社フクイン

ISBN978-4-286-21736-9